GROSSER
MITMACHSPASS

Originalausgabe
© 2019 dtv Verlagsgesellschaft mbH & Co. KG, München
Dieses Werk wurde vermittelt durch die
Literarische Agentur Thomas Schlück GmbH, 30161 Hannover
Umschlagbild: Jan Birck
Innengestaltung: Ralph Bittner unter Verwendung von Illustrationen
von Jan Birck aus den Bänden 1-4 der Flätscher-Serie
Gesetzt aus der SoupBone
Druck und Bindung: Těšínská Tiskárna, Tschechien
ISBN 978-3-423-76229-8

ANTJE SZILLAT UND JAN BIRCK

FLÄTSCHERS

GROSSER
MITMACHSPASS

INHALTSVERZEICHNIS:

MICH LAUST DER AFFE ... ÄHM, DAS STINKTIER!

Weit und breit kein kniffliger Fall für den Meisterdetektiv – also mich! – in Sicht! Und Assistent Theo, oha, oha, der lässt sich auch nicht blicken. Die fantastische Cloe ist bei einer Freundin und Olaf und die O-Clique veranstalten ein Gorgonzola-Fest ... Bäh, Käse, da geh ich bestimmt nicht hin. Igittigitt!

Der passende Moment – der richtige Augenblick – auf jeden Fall ein Grund, um mal wieder in meinem genialen Stinktier-allein-zu-Haus-Büchlein zu blättern. Spiel, Spaß und Spannung sind dabei garantiert.

Und falls doch noch einer von den anderen hier auftauchen sollte, zu zweit, zu dritt, mit ganz vielen bringt es auch grandiose Freude ins Haus!

Doch bevor du dich köstlich über meine coole Sprüchesammlung, die genialen Experimente, die tollen Spiele und vor allem meine echt genialen Streiche amüsierst und sie selbst mal ausprobierst, solltest du dir genau überlegen, wer genug Humor für spitzenmäßige Streiche, bombastische Sprüche und urkomische Witze hat!

Der eine lacht sich kringelig, der andere findet es vielleicht ziemlich daneben, wenn du ihn veräppelst.

Deshalb mein Meisterstinktier –Tipp: Fair bleiben und nicht übertreiben, gemeinsam Spaß haben und zusammen lachen, das bringt's. IS JA WOHL LOGISSIMO!

Dein Flätscher

DIE BESTEN TIERWITZE ALLER ZEITEN

Verträufelt–Verträufelt, tierische Witze finde ich einfach gigantomanisch! Mein höchstpersönlicher Lieblingswitz ist ja der mit dem Streifenhörnchen. Oder den Kakerlaken. Oder dem Hollywood–Fuchs. Oder den Stechmücken. Oder ... ach lies doch selbst und lach dich dabei streifig, scheckig oder von mir aus auch punktig.

»Hast du schon gehört, die Ziege von Melanie kann wirklich sprechen!«
»Ja, ich weiß. Mein Schwein hat es mir erzählt!«

»Sie sind doch Uhrmacher! Können Sie bitte mein Pferd reparieren?«
»Ihr Pferd? Was fehlt ihm denn?«
»Es bleibt alle fünf Minuten stehen!«

Treffen sich zwei Eisbären in der Wüste.
Sagt der eine Eisbär verwundert:
»Die müssen einen strengen Winter haben.
So viel wie hier gestreut ist,
muss es ja echt glatt sein!«

Ein Kamelkind fragt seinen Papa:
»Wieso haben Kamele zwei Höcker auf dem Rücken?«
Der Papa antwortet:»In den Höckern speichern wir Wasser und Nahrung,
für unsere Zeit in der Sahara.«
Kamelkind:»Hm, und warum sind meine Wimpern so lang?«
Kamelvater:»Die schützen deine Augen vor dem Sand, wenn wir in der
Sahara unterwegs sind«
Kamelkind:»Verstehe, aber warum leben wir im Zoo?«

Das Eisbärbaby fragt seine Mama:
»Mama, bist du sicher, dass unsere Ahnen alle Eisbären waren?«
»Ja, natürlich.«
»Dein Papi?«
»Ja, natürlich.«
»Und dessen Papi auch?«
»Ja, der auch.«
»Hilft mir auch nicht, ich friere!«

Drei Schildkröten wollen zur Bachmündung. Nach vier Jahren sind sie
endlich am Ziel. Die ersten beiden Schildkröten haben großen Durst und
wollen sofort das Wasser trinken, die dritte erkennt jedoch, dass sie
ihr Glas zu Hause stehen gelassen hat.
»Macht doch nix«, sagt die erste Schildkröte.
»Ich will endlich Wasser!«, jammert die zweite Schildkröte.
»Das geht nicht ohne Glas«, sagt die dritte Schildkröte. »Das wäre
unhöflich. Ich hole es schnell und ihr wartet!«
Die ersten beiden Schildkröten machen es sich am Bach bequem und war-
ten – erst ein Jahr, dann zwei Jahre, schließlich ganze drei Jahre.
Die erste Schildkröte kann nicht mehr und geht zum Bach.
Da ruft es von hinten:
»Wenn ihr euch nicht an die Abmachung haltet,
dann mache ich mich erst gar nicht auf den Weg.«

SCHNAPP

Trifft die Kuh einen Polizisten:
»Stellen Sie sich vor, mein Mann ist auch Bulle!«

Nachdenklich betrachten zwei Wildschweine
ein vorbeihuschendes Streifenhörnchen.
»Die Modeschöpfer haben schon recht.«
»Warum?«
»Streifen machen schlank!«

Stehen zwei Kühe auf der Weide.
Fragt die eine:
»Warum sagst du die ganze Zeit Brrr! Brrr!?«
Sagt die andere: »Gleich kommt der Melker
und der hat immer so kalte Hände.«

Zwei Ziegen unterhalten sich.
»Kommst du heute mit ins Kino?«
Sagt die andere: »Nö, hab keinen Bock!«

»Gibt es hier Feuerquallen, Krebse oder sogar
Seeigel?«, fragt der besorgte Badegast.
»Keine Angst«, winkt der Bademeister ab.
»Die werden alle von den Haien gefressen!«

Ein stolzer Katzenbesitzer freut sich: »Meine Katze ist echt super. Jeden Morgen um sieben Uhr bringt sie mir die Zeitung. Dabei habe ich gar keine abonniert!«

Zwei Hunde sitzen in der Wüste. Nach ein paar Stunden sagt der eine: »Rutsch mal ein Stück. Ich will auch im Sand sitzen!«

Der kleine Igel hat sich verlaufen. Als er gegen einen Kaktus rennt, fragt er verzweifelt: »Bist du es, Mamilein?«

Eine Ameise und ein Elefant gehen im großen Fluss schwimmen. Der Elefant springt als Erster ins Wasser.
»He, komm zurück!« ruft die Ameise.
»Was ist denn los?«
»Ich glaube, du hast meine Badehose an.«

»Hey, schau mal, da kommt ein Pferd an die Bar und bestellt eine Cola – ist das nicht merkwürdig?«
»Ja, wirklich, sonst trinkt es immer Fanta.«

Schauen sich zwei Pferde ein Pferderennen an.
»Hey, warum rennen die denn alle so schnell?«
»Das schnellste bekommt einen Preis.«
»Okay, aber warum rennen die anderen?«

Stehen zwei Wachhunde im Hof.
Sagt der eine: »Hörst du nix?«
»Klar höre ich es.«
»Warum bellst du dann nicht?«
»Na, dann höre ich doch nix!«

Eine Forelle zur anderen:
»Du, gleich fängt es zu regnen an. Komm schnell ins Wasser,
sonst werden wir noch nass!«

Sagt ein stolzer Holzwurm zum anderen:
»Übrigens, mein Sohn arbeitet bei der Bank.«

Sitzt ein kleiner Hase weinend am Wegesrand. Kommt ein anderer
Hase und fragt: »Hey Bruder, was ist denn los? Warum weinst du?«
Schnieft er: »Der Bär war gerade hier und fragte mich, ob ich
fussle. Ich habe natürlich Nein gesagt. Daraufhin hat er mich als
Klopapier benutzt!«
Am nächsten Tag sitzt da der gleiche Hase und lacht sich schlapp.
»Und was ist heute los, Bruder?«, fragt der andere Hase.
»Heute hat der Bär den Igel gefragt!«

Treffen sich zwei Sardinen im Meer.
»Hi!«, sagt die eine.
»Wo?«, fragt die andere.

Sitzen zwei Kühe im Kino. Kommt ein Pferd mit einem Strohhut
auf dem Kopf und setzt sich vor die Kühe.
Sagt die eine Kuh: »Würden Sie bitte den Hut absetzen?
Wir können nichts sehen.«
Da dreht sich das Pferd um und sagt: »Kühe im Kino.
Wo gibt's denn so was?«

Eine Schlange zur anderen:
»Sind wir giftig?«
»Ja, warum fragst du?«
»Ich habe mir gerade auf die Zunge gebissen!«

Was sagt der hungrige Löwe,
wenn er einen Ritter in einer Rüstung sieht?
»Oh nein, nicht schon wieder.
Immer dieses Dosenfutter.«

Ein Marienkäfer wird auf der Koppel von einem Kuhfladen
getroffen. Nach zwei Stunden hat er sich frei gewühlt und flucht:
»Unverschämtheit, genau ins Auge getroffen!«

Ein Huhn kommt in den Supermarkt.
»Haben Sie große Eierkartons?
Ich möchte mit meinen Kindern verreisen!«

Frosch und Nilpferd sind zusammen im Freibad.
Sagt der Frosch: »Geh du zuerst ins Wasser!«
Antwortet das Nilpferd. »Okay, aber nicht schubsen!«

Eine Fliege flattert haarscharf an einem Spinnennetz vorbei.
Ruft die Spinne ärgerlich: »Na warte, morgen krieg ich dich!«
Da lacht die Fliege: »Pech gehabt! Bin eine Eintagsfliege!«

Henning ist mit seinem Meerschweinchen
unterwegs in der Straßenbahn. Der Schaffner verlangt
für das Tier den vollen Fahrpreis.
Henning: »Dann kann mein Meerschweinchen aber auch
einen eigenen Platz haben!«
Der Schaffner nickt. »Na klar! Aber die Füße darf es
nicht auf den Sitz legen!«

Zwei Stechmücken treffen sich am Badeteich.
»Interessierst du dich für Kunst?«
»Ja. Warum fragst du?«
»Dann fliegen wir mal rüber zu dem Typen da und
ich zeig dir ein paar alte Stiche!«

Der Bauer hat seinen Rasenmäher auf der Weide vergessen.
Das neugierige Lamm geht hin und sagt: »Määh!!!«
Darauf der Rasenmäher: »Du hast mir nichts zu sagen!«

Kommen zwei Hunde aus dem Dorf erstmals in die Stadt
und bleiben verwundert an einer Parkuhr stehen.
»Hier gibt es noch nicht mal Bäume und jetzt soll ich auch
noch fürs Pinkeln bezahlen!«

Das Telefon der Polizeistation läutet.
»Hilfe. Es geht um Leben und Tod. Im Zimmer ist eine Katze.
Sie müssen kommen!«
»Wer spricht denn da?«
»Der Papagei!«

Ein Mann besucht die Zoohandlung und möchte einen Eisbären.
Der Verkäufer hat einen im Angebot und versichert dem Mann:
»Der Eisbär ist sehr lieb und zahm.
Nur ja nicht in die Nase kneifen!«
Irgendwann ist der Mann so neugierig
und kneift den Eisbären in die Nase.
Der Bär richtet sich auf, brüllt und verfolgt
den Mann durch die ganze Wohnung.
Schließlich kann sich der Mann nicht mehr retten
und der Eisbär haut ihn mit seiner Pfote:
»Hab dich, du bist dran!«

DETEKTIVWITZE UND HALUNKENGELÄCHTER

Spürnasen und Meisterdetektive aufgepasst: Hier werden jetzt deine Lachmuskeln überstrapaziert, die Denkerstirn extrem gekräuselt und die Lachtränensäcke komplett entleert. Is ja wohl detektivoklaro!

Was sind die letzten Worte eines Detektivs?
»Klarer Fall, Sie sind der Mörder ...«

Dr. Watson ist nun schon ewig dabei, ein Beweisstück zu untersuchen. Genervt reißt ihm Sherlock Holmes das Blatt Papier aus der Hand. »Warum dauert denn das so ewig?«.
Watson erwidert resigniert: »Auf beiden Seiten steht: Bitte wenden«.

Im Dorf ist die Bank schon zum fünften Mal überfallen worden. Während der Ermittlungen fragt der Detektiv den Kassierer:
»Ist Ihnen an dem Täter etwas Außergewöhnliches aufgefallen?«
»Aber ja«, sagt der Kassierer. »Der Mann war von Mal zu Mal besser gekleidet.«

Sherlock Holmes zu Dr. Watson:
»Warum wollen Sie Detektiv werden?«
»Weil mein Vater und der Mann meiner Mutter Detektiv waren!«

In einer Ganovenkneipe.
Zur Überraschung aller blättert Taschendieb
Ede in einem Modemagazin.
»Du bist ja ein ganz schöner Snob geworden«,
beschwert sich Messer-Macky.
»Ach Quatsch«, erwidert Ede, »das ist nur eine berufliche
Fortbildung. Ich muss doch wissen, wo in der neuen Saison die Taschen
sitzen!«

»Bei dir piept's wohl«, sagt Narben-Harry zu Blüten-Ede.
»Warum druckst du Fünfundsiebzigeuroscheine?«
»Fürs Finanzamt«, meint da Blüten-Ede. »Die nehmen alles.«

Stoppt ein Polizist einen Autofahrer, der in der Einbahnstraße
in die verkehrte Richtung fährt.
»Wissen Sie eigentlich, wohin Sie fahren?«
»Nein«, bekennt der Autofahrer, »ganz genau weiß ich das nicht.
Aber ich scheine ziemlich spät dran zu sein.
Die kommen ja alle schon wieder zurück.«

»Ihr Wagen ist völlig überladen, ich muss Ihnen deshalb den
Führerschein abnehmen«, sagt der Polizist zu der Frau am Steuer.
»Soll das ein Scherz sein, Wachtmeister?
Der Führerschein wiegt ja höchstens dreißig Gramm.«

Rösner kommt auf die Polizeiwache.
»Stellen Sie sich vor, als ich gestern Abend aus dem Kino kam, sah ich
gerade noch, wie jemand mit meinem Wagen davonfuhr.«
»Haben Sie die Verfolgung aufnehmen können?«
»Das nicht, aber zum Glück konnte ich mir das Nummernschild merken.«

»Sie sind ja schon wieder rückfällig geworden«, sagt der Hausdetektiv.
»Warum haben Sie denn ausgerechnet einen Kugelschreiber gestohlen?«
»Ich wollte einen Schlussstrich unter meine Vergangenheit ziehen.«

Der Bankräuber schiebt dem Kassierer einen Zettel zu: Bitte alles Geld
einpacken! Eine Pistole ist auf Sie gerichtet.
Der Kassierer schreibt darunter: Bitte lächeln! Eine Kamera ist auf Sie
gerichtet.

Ein Polizeibeamter schreibt ein Protokoll. Der Parksünder reicht
dem Beamten einen Zwanzigeuroschein.
»Ich kann nicht wechseln«, zuckt der Polizist
bedauernd die Schultern.
»Ach, behalten Sie nur«, seufzte der Autofahrer.
»Ich parke morgen bestimmt wieder hier ...«

»Angeklagter, haben Sie in dem Geschäft für Damenmode
eingebrochen?«
»Ja, Herr Richter!«
»Und warum dreimal?«
»Ich habe ein Kleid für meine Frau geholt, und dann
musste ich es zweimal umtauschen!«

»Stimmt es, dass Sie dem Kläger einen Faustschlag ins Gesicht
versetzt haben?«
»Ganz so war es nicht, Herr Richter. Ich habe ihm meinen Handschuh
ins Gesicht geworfen und dabei ganz übersehen, dass noch die Hand
drinsteckte.«

Ein Polizist stoppt den sehr jungen Autofahrer.
»Ihren Führerschein, bitte!« – »Wieso Führerschein?
Ich denke, den kriegt man erst mit achtzehn …!«

»Zeuge, wo befanden Sie sich, als Sie überfahren wurden?«
»Unterm Auto, Herr Richter!«

Die Dame im Zeugenstand weigert sich, ihr Alter zu nennen.
Droht der Richter: »Wenn Sie uns Ihr Alter nicht verraten wollen,
lasse ich Sie von den Zuschauern schätzen.«

Sagt der Richter zum Angeklagten: »Stimmt es, dass Sie im
Auftrag des Chefs Wasser in den Wein geschüttet haben?«
Verteidigt sich der: »Nein, Herr Richter, das ist nicht richtig.
Ich habe Wein in das Wasser geschüttet.«

Fragt der Richter: »Schämen Sie sich denn nicht,
in Ihrem hohen Alter noch einen Fernsehapparat zu stehlen?«
Meint der Angeklagte:
»In meiner Jugend gab es noch keinen, Herr Richter!«

Sagt der Richter zum Angeklagten: »Wann haben Sie Geburtstag?«
Der Angeklagte schweigt beharrlich.
Der Richter fragt erneut: »Wann haben Sie Geburtstag?«
Darauf der Angeklagte mürrisch: »Sie schenken mir ja doch nichts.«

»Warum ist denn dein Auto auf der einen Seite blau und auf der anderen gelb?«, wundert sich Lehmann.
»Das ist praktisch«, antwortet sein Freund Schulze. »Was meinst du, wie sich da die Zeugen widersprechen!«

»Sie sind arbeitslos, Angeklagter?«, fragt der Richter den Halunken.
»Ja«, nickt der. »Und das würden Sie auch sein, Herr Richter, wenn nicht meine Kollegen und ich für Beschäftigung für Sie sorgen würden.«

Sagt der Richter zu Brillanten-Ede: »Sie räumen den Tresor aus, aber warum lassen Sie eine Million Euro liegen ...?«
»Hören Sie bloß auf«, stöhnt Ede genervt. »Damit löchert mich meine Frau schon seit Tagen.«

Frau Knackenschrank besucht ihren Mann im Gefängnis.
»So ein Pech, dass du ausgerechnet jetzt einen Hungerstreik machst.«
»Warum ist das Pech?«, fragt Ede Knackenschrank.
»Im Kuchen war eine Feile!«

Sonntagnachmittag im Knast.
Egons Zellengenossen sitzen zusammen und spielen Karten.
Nur Egon guckt zu.
Das sieht der Wärter und ist erstaunt. »Na, Egon«, sagt der
Wärter, »warum spielen Sie denn nicht mit den anderen?«
»Würden Sie denn gern mit Betrügern Karten spielen?«
»Eigentlich nicht«, sagt der Wärter.
»Sehen Sie«, sagt Egon, »die beiden wollen das auch nicht.«

Olaf der Punk steht wieder einmal vor Gericht –
die Anklage lautet auf »Erregung öffentlichen Ärgernisses«. Zur Verhand-
lung hat er eine Menge Freunde mitgebracht. Jedes Mal, wenn der Richter
den Mund aufmacht, brüllen sie: »Hurra!« Da wird es dem Richter zu bunt.
»Den Nächsten, der ›hurra‹ schreit, lasse ich rauswerfen!«, droht er.
»Hurra!«, brüllt Olaf.

»Ich verstehe nicht, warum Sie noch leugnen«, sagt der Richter zum Angeklagten. »Ich kann Ihnen fünf Zeugen bringen, die gesehen haben, wie Sie das Fahrrad aus dem Kaufhaus schaffen und damit abhauen wollten!«
»Na und?«, sagt der Angeklagte. »Ich kann Ihnen fünf Millionen Zeugen bringen, die das nicht gesehen haben!«

»Sie geben also zu, das Fahrrad genommen zu haben«, sagt der Richter zum Angeklagten. »Ja, aber ich habe es für herrenloses Gut gehalten.«
»Und wie sind Sie auf diese Idee gekommen?«
»Na ja«, sagt der Angeklagte. »Es hatte an der Friedhofsmauer gelehnt.
Und da dachte ich, der Besitzer ist bestimmt schon tot.«

Zwei Autos sind zusammengestoßen und jetzt warten die beiden Fahrer auf die Polizei. Der eine Fahrer zieht plötzlich eine Schnapsflasche aus der Tasche und sagt: »Hier, nehmen Sie mal 'nen tüchtigen Schluck. Das hilft garantiert nach diesem Schreck!« Der zweite Fahrer trinkt, wischt sich den Mund ab und sagt zum anderen. »Und Sie – Sie trinken nicht?«
»Doch«, sagt der erste Fahrer. »Aber erst, wenn die Polizei da gewesen ist.«

»Wir wissen, dass Sie den Geldtransporter überfallen haben«, sagt der Kommissar und zündet sich eine Pfeife an, während er dem Gangster hart ins Auge schaut. »Wir wissen das, aber wir haben keinen Beweis. Deshalb müssen wir Sie freilassen.«
Der Gangster kann's gar nicht fassen. »Heißt das …?!«
»Sie können gehen«, sagt der Kommissar.
»Und was ist mit dem Geld?«, fragt der Gangster.
»Darf ich das behalten?«

23

Der Kriminalbeamte verhört den Verdächtigen.
»Also«, sagt der Beamte. »Ihre erste Frau ist an Pilzvergiftung
gestorben und hat Ihnen ein Haus hinterlassen.
Ihre zweite Frau ist an Pilzvergiftung gestorben und hat Ihnen
die Firma hinterlassen. Ihre dritte Frau ist
an Pilzvergiftung gestorben und hat Ihnen den gesamten Schmuck
hinterlassen. Und jetzt ist Ihre vierte Frau vom Kirchturm gefallen
und hat Ihnen die Jacht hinterlassen.«
Der Kriminalbeamte starrt den Verdächtigen an.
»Und das finden Sie nicht etwas merkwürdig?«
»Gar nicht«, sagt der Verdächtige. »Sie wollte keine Pilze essen.«

Rochus hat es ein für alle Mal satt. Nie bringt ihm das Christkind
all die schönen Sachen, die er sich gewünscht hat.
Heimlich geht er zur nächsten Kirche und schnappt sich
eine Joseffigur und Maria ohne Kind.
Zu Hause schreibt er dann seinen Wunschzettel:
»Sehr verehrtes Christkind, ich wünsche mir
dieses Jahr ein Rennrad, ein Pony und ein neues
Handy. Solltest Du mir diese Wünsche nicht erfüllen,
siehst Du deine Eltern nie mehr wieder ...«

»Schlimmes, sehr Schlimmes sehe ich für Sie voraus«,
verheißt die Wahrsagerin ihrer Kundin.
Sie wird ganz bleich.
»Wenn mich meine Kristallkugel nicht täuscht«,
murmelt sie, »wird Ihr Mann bald umgebracht.«
»Super«, sagt die Kundin, »und wird mich
die Polizei kriegen?«

DOING

Oma liest laut die Schlagzeile der Zeitung:
»Polizei sucht raffinierten Trickbetrüger!«
Sie lässt die Zeitung sinken. »Verstehe ich nicht«, meint sie.
»Wozu braucht man bei der Polizei bloß einen Betrüger?«

Frau Müller erzählt Frau Schulz: »Wegen der Einbrecher lassen wir
jetzt die ganze Nacht das Licht brennen.«
Meint Frau Schulz: »Wozu das denn? Die haben doch Taschenlampen.«

Der Ganove Eduard lässt sich im Gefängniskrankenhaus die Mandeln
herausnehmen. Kurze Zeit später muss der Blinddarm entfernt werden.
Als dann auch noch die Weisheitszähne gezogen werden sollen, steht
plötzlich der Gefängnisdirektor vor Eduards Bett:
»Schluss jetzt! Wir haben Sie durchschaut«, sagt er streng,
»Sie wollen stückweise ausbrechen.«

FLÄTSCHER ALLEIN ZU HAUS –
TRAINING FÜR MEISTERDETEKTIVE!

Allein daheim? Kein Grund zum Trübsalblasen, Mäusemelken oder
Die-Nase-auf-der-Straße-schleifen-lassen!
Wenn Theo mal wieder Spitzenkoch Bode in der Küche helfen
muss, Cloe zur Bandprobe gegangen ist, Olaf und die O-Clique
auf Käsejagd sind, ich also stinktierseelenallein in meinem
stilvollen Zuhause bin, dann–dann–dann … ist das noch
lange kein Grund für schlechte Laune! Tooootal nicht!
Es gibt nämlich locker tausend Dinge, die ich dann machen
kann. Lustige, spaßige, spannende. Kannst du mir glauben.
Echt! Is ja wohl klarissimo!

Spiegelstrahlen

Wusstest du eigentlich, dass man mit einem kleinen Handspiegel und ein
paar Sonnenstrahlen echt geniale Spiele machen kann? Zum Beispiel
wenn du im Bett liegst oder auf dem Sofa sitzt. Du kannst das
Sonnenlicht mit dem Spiegel auffangen und es dann an der Wand
herumflimmern lassen oder auch versuchen, mit dem Licht kleine Kunst-
werke an die Wand zu malen. Natürlich klappt das nur, wenn die Sonne
auch ordentlich scheint!
Wenn du zwei Spiegel hast, dann kannst du probieren, das Licht
vom einen Spiegel zum anderen zu leiten.
Das macht Laune – garantiert!

Zehn—minus—Zwei—Anziehspiel

Ob nun Krallen, Pfoten oder Finger, zum Anziehen braucht man sie auf jeden Fall alle. Aber ein echter Meisterdetektiv hat nicht immer eine Hand frei. Darum solltest du unbedingt mal testen, wie schnell es dir gelingt, in deine Klamotten zu schlüpfen, wenn du dabei auf deine beiden Daumen verzichten musst? Nö! Ist auch gar nicht so einfach. Probier es doch gleich mal aus, indem du die Daumen ganz fest an die Handinnenflächen legst und sie auf gar keinen Fall benutzt.
Und falls sich doch noch unerwarteter Spielbesuch ankündigt, dann schnappt euch eine Stoppuhr und macht einen Ohne—Daumen—anziehen—Wettbewerb daraus!
Auf die Plätze ... fertig ... los ... wer ist schneller?

Hokuspokus—Magnet

Als Erfinder greife ich immer wieder gerne auf die Magie der magnetischen Anziehungskraft zurück. Aber auch zum Langeweile—Vertreiben eignen sich Magnete extrem gut.
Du kannst zum großen Magier werden, indem du mit der Hilfe eines Magneten kleine Gegenstände aus Metall wie von Zauberhand bewegst. Lege zum Beispiel eine Eisenschraube auf ein Stück Karton und führe sie von der Unterseite des Kartons mit dem Magnet. Auf dem Karton kannst du vorher eine Fahrbahn zeichnen und dann die Schraube ordentlich die Kurven kratzen lassen.
Mit bunten Büroklammern kannst du sogar ein kleines Rennen veranstalten. Oha, jetzt wird's rasant!

Zielgenau und bloß nicht daneben

Verträufelt, ist es zu fassen?! Das Fünfcentstück will verflixt
noch mal nicht im Schnapsglas landen, hat Theo geflucht, als ich
ihm eins meiner Allein-spiel-Spiele habe ausprobieren lassen.
Dafür stellst du ein kleines Schnapsglas in ein größeres
Einmachglas und füllst das ganze Einmachglas mit Wasser.
Versuche nun, mit einer Münze (du kannst auch gleich
mehrere nehmen) zielgenau in das Schnapsglas zu treffen.
Oha, das ist leichter gesagt als getan, denn zuerst
drehen sich die Münzen leicht und segeln dann in
unsichtbaren bogenförmigen Bahnen auf den Boden.
Platsch-Watsch-Klirr!

Rasantes Nuss-Rennen

Mit diesen rasanten Superflitzern kannst du alleine,
aber auch mit Freunden richtig coole Rennen veranstalten.
Dafür musst du zunächst einige Walnüsse ganz vorsichtig knacken,
sodass beide Hälften der Schale ganz bleiben. Die ausgehöhlten Schalen-
hälften stülpst du nun über passende Murmeln: Und fertig sind die
Superflitzer! Und das erste Rennen kann auch direkt losgehen.
Am besten auf glattem Untergrund, zum Beispiel auf dem Küchenboden.
Du kannst dir auch sensationelle Rampen bauen, aus
einem Brett, ein Aktenordner tut es aber auch.
Wenn du magst, dann mal deine Flitzer noch bunt
an, damit du sie besser unterscheiden kannst.
Zehn, neun, acht - losgedüst!

Zitterpartie

Schneide dir etwa zehn gleich große Papierstreifen zurecht, in etwa so lang und so breit wie dein Daumen. Nun nimmst du eine Glasflasche und stapelst sie kreuz und quer auf der Flaschenöffnung. Jetzt heißt es, bloß nicht zittern und vorsichtig einen Streifen nach dem anderen hinunterzupusten! Ich wünsche dir allzeit reichlich viel Puste!

Turmtänzer

Übung macht den Meister und das ist bei diesem kleinen Kunststück auch wirklich nötig. Aus zehn Centstücken baust du einen Turm. Mit einer weiteren Münze versuchst du nun den Turm von unten abzubauen. Du legst die Münze einfach zehn Zentimeter vom Turm entfernt auf den Tisch, dann schnipst du sie mit Daumen und Zeigefinger gegen den Turm. Die unterste Münze des Turms fliegt heraus, aber der Turm kippt nicht um! Wenn du es schaffst, den Turm auf diese Weise ganz abzubauen, bist du der absolute und ganz einmaliggeniale Schnippmeister.

Seifenblasen selber machen

Dafür brauchst du:

Schneebesen – Schüssel – Teelöffel – Tasse – destilliertes Wasser – Glyzerin (bekommst du in der Drogerie oder Apotheke) – Spülmittel und Puderzucker.

AUFGEPASST! Kein Reinigungsmittel ist wie das andere! Probiere auch einmal Waschmittel, Kernseife oder Universalreiniger aus.

So wird's gemacht:

Du verrührst zwei Teelöffel Puderzucker und vier Teelöffel Spülmittel in einer Schüssel, so lange, bis alle Klümpchen verschwunden sind. Als Nächstes schüttest du eine große Tasse destilliertes Wasser dazu und vermischst alles miteinander. Nun rührst du noch einen Teelöffel Glyzerin in die Flüssigkeit ein, um die Seifenblasen haltbarer zu machen. Jetzt kannst du den Seifenblasenring in die Lauge eintauchen. Kurz abtropfen und hindurchpusten. Perfekt!

Kleiner Flätscher–Tipp: Am besten benutzt du die Seifenblasenlauge nur im Freien.

Kunstwerkblasen

Verflixte Kiste, schon wieder ist meine Seifenblase zerplatzt,
bevor sie zum weltallerbesten Seifenblasengebilde ernannt werden konnte.
Aber denke ich deshalb daran aufzugeben? NIEMALS! Bin schließlich ein
Meisterdetektiv und Supererfinder und von kleinen Rückschlägen lass ich
mich garantiert nicht verunsichern.
Also ... auf ... ein ... Neues!

Dafür brauchst du:
deine selbst gemachte Seifenblasenmischung, einen
Teller und einen Strohhalm

So geht es:
Gieße etwas Seifenlösung auf den Teller und tauche den Strohhalm ein.
Nun pustest du hindurch, bis eine große Kuppel, also eine Halbkugel,
entsteht, und ziehst den Strohhalm zunächst einmal wieder zurück. Wenn dir die erste Kuppel gelungen ist und du total zufrieden damit
bist, dann durchstichst du sie ganz vorsichtig mit dem angefeuchteten
Strohhalm, ohne dass sie platzt, tauchst den Halm im Innern wieder in die
Seifenblasenmischung und bläst eine zweite Kuppel. Nun ganz behutsam
den Strohhalm wieder rausziehen und staunen, denn das sieht echt
gigantomanisch aus. So lange das Ganze wiederholen, bis
irgendwann dein Kunstwerk – platsch – zerplatzt!

Der höchste Turm

Geduld sollte man als Meisterdetektiv unbedingt haben. Es kommt nämlich schon mal vor, dass man tierisch lange irgendwo in seinem erstklassigen Beobachterversteck hockt und beobachtet – puh, das kann dauern. Aber Geduld kann man trainieren. Zum Beispiel mit diesem 1a Fingerfertigkeitsspiel.

Du brauchst dafür nur eine Flasche und einige Zahnstocher aus Holz. Versuche nun auf dem Flaschenhals mit den Hölzchen einen Turm zu bauen. Und? Wie hoch kommst du, bevor alles einstürzt? Trainier ruhig etwas länger, irgendwann hast du bestimmt den höchsten Turm gebaut. Und schön darauf achten, immer erst zwei Zahnstocher nebeneinanderlegen und die nächsten quer dazu drüber. Und so weiter ... und so weiter ...

Schleichweltmeister

Detektive müssen sich anschleichen können. Deshalb trainiere ich das Schleichen am allerliebsten, wenn ich allein zu Hause bin (außerdem ist es ein Supermittel gegen Langeweile).

Du legst dazu zwei dicke Bücherstapel auf den Fußboden und dann einen Besenstiel quer darüber. Nun ist perfekte Körperbeherrschung gefragt, denn du sollst unter dem Stiel durchrobben, ohne ihn dabei zu berühren. Hast du das locker geschafft, kannst du auf beiden Turmseiten jeweils ein Buch wegnehmen und es erneut probieren. Und noch eins und noch eins und ... na ja, irgendwann passt nur noch eine Flunder unten durch.

PFFSCHSCHsch

Murmel-Labyrinth

Und noch ein sensationelles Geschicklichkeitsspiel.
Dafür brauchst du nur einen Schuhkarton und eine Murmel.
Schneide in den Schuhkarton ein Loch, durch das die Murmel gerade so passt, lege sie in den Karton, Deckel zu und nun versuche, den Karton so hin und her zu bewegen, dass die Murmel durch das Loch hindurchfällt. Verträufelt, ganz schön schwierig, aber total spannend.

Gymnastik für die Supernase

Hin und wieder muss auch die beste Schnüfflernase ein bisschen Sport treiben. Also schlage ich zwei Fliegen mit einer Klappe, mache ein bisschen Nasengymnastik und vertreibe die Langeweile! Perfekto!
Lege dich auf den Rücken und platziere ein Cent- oder Eurostück ganz genau auf deiner Nasenspitze. Das hört sich einfach an, ist es aber nicht, du wirst es sehen. Aber noch viel schwerer ist es, das Geldstück durch wildes Grimassenziehen wieder herunterzubekommen!

33

Wo war es?

Wie steht es eigentlich um deinen Orientierungssinn? Ist der grandissimo? Oder so mittelmäßig? Wie auch immer, ein bisschen Training schadet nie. Mach ich ja schließlich auch regelmäßig im Hinterhof des Wilden Elch.

Und so geht es: Du zeichnest mit Kreide ein Kreuz auf die Pflastersteine und gehst dann ein paar Schritte zurück. Nun schließe deine Augen (du kannst sie dir auch mit einem Tuch selbst verbinden) und versuche das wiederzufinden. Wenn du meinst, du bist haargenau richtig, dann darfst du die Augen öffnen (das Tuch abziehen). Und? Hast du es getroffen oder bist du ewigweit davon entfernt? So oder so solltest du auf jeden Fall weitertrainieren, denn dieses Orientierungsspiel macht richtig, richtig Spaß.

Kleiner Flätscher-Tipp: Bitte nur in einer verkehrsfreien Zone spielen!!!

Der Rekordler

Rekorde aufstellen, um damit die Zeit zu vertreiben? Warum nicht. Außerdem macht dich dieses Rekordspiel fit und munter. Also ... schnapp dir eine Stoppuhr und dann: auf die Plätze ... und ... Rekord! Wie lange brauchst du für zehn Kniebeugen? Für acht Liegestütze? Fünf Purzelbäume? Wie viele Sechser würfelst du in einer Minute? Wie viel Zeit benötigst du, um ein kurzes Gedicht auswendig zu lernen? Wie schnell kannst du Zungenbrecher aufsagen (einige davon findest du etwas weiter hinten in diesem Buch)? Natürlich kannst du dir auch eigene Rekorde ausdenken.

Ich habe mir übrigens ein kleines Rekord-Buch angelegt und nach und nach versucht, meine eigenen Rekorde zu verbessern.

Die Semmelknödel müssen
in den Kochtopf

Ich liiiiebe Semmelknödel über alles!
Darum habe ich mir auch dieses lustige Semmelknödel-Spiel
ausgedacht – gut gegen Langweile, super für meine Fitness
und 1a für meine Geschicklichkeit.
Knülle dir aus Zeitungspapier einen ordentlichen Haufen
»Semmelknödel«. Nimm dir einen Eimer, größeren Topf, Behälter,
den du hinter dich stellst. Nun leg dich auf den Boden, den
»Knödelhaufen« zu deinen Füßen, den »Kochtopf« an deinem
Kopf. Dann greifst du mit beiden Füßen einen »Semmelknödel«,
rollst dich damit rückwärts und lässt ihn in deinen
Kochtopf fallen. Bald wird das schon ruckzuck gehen
und du kannst deine beste Semmelknödelkochzeit
stoppen!

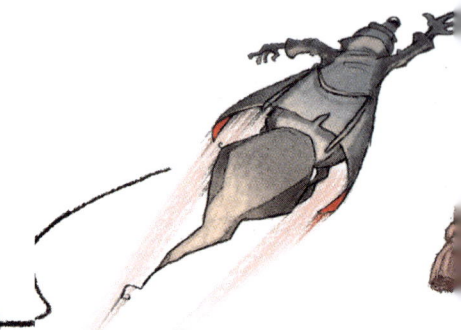

Bloß nicht absetzen

Insgeheim bin ich ein großer Künstler. Ein begabter Maler,
dem es gelingt, seine Bilder mit nur einer Linie
zu malen, ohne den Stift dabei auch nur ein einziges
Mal abzusetzen. GRANDISSIMO!
Probier es doch auch mal aus. Zu Beginn versuch es
am besten mit kleinen, leichteren Bildern. Und wenn
du ein bisschen Wolle zur Hand hast, dann kannst
du verschiedene Fäden zurechtschneiden,
sie nass machen und sie dann sehr kunstvoll
zu einem Bild legen. Priiima!

BOING

SSSSST

Kurvenrennen

Puhhh, neulich war ich hinter einem richtig frechen Ganoven her. Kreuz und quer ging es durch die Großstadt. Viele enge Kurven, mal einen Hang hinauf, dann wieder steil hinunter und ab in die nächste Kurve. Natürlich hab ich ihn am Ende geschnappt, aber ein paarmal bin ich echt ins Straucheln gekommen.
Um mich auf das nächste rasante Kurvenrennen vorzubereiten, habe ich danach gleich mal eines meiner Lieblingsspiele gespielt.

Und das geht so:
Zeichne eine kurvenreiche Berg– und Talstraße auf ein Blatt Papier. Nun kann das rasante Rennen auch schon losgehen. Setz dich dafür vor einen Spiegel und lege das Blatt davor. Mit dem Stift in der Hand fährst du nun die Straße von der Bergspitze bis zum Tal, ohne dass du abrutschst. Du darfst dabei aber nur in den Spiegel gucken, nicht aufs Blatt oder deine Hand. Verflixte Kiste, das ist gar nicht so einfach.
Beim zweiten Mal kannst du einen Stift in einer anderen Farbe wählen. Perfekte Raser flitzen die Kurven auch rückwärts. Und wenn du magst, dann kannst du deine Zeit mit der Stoppuhr festhalten und staunen, wie du dich von Runde zu Runde verbesserst.

39

GENIALE ZUNGENBRECHER FÜR FLOTTE SPRECHER

Flätscher fischt frische Fische –
frische Fische fischt Flätscher.

Nicht nur mit meiner Stinkekanone bin ich blitzschnell, auch im
Zungenbrecher-Aufsagen. Schließlich lautet mein Motto: Nie um
einen Semmelknödel und Zungenbrecher verlegen!
Also, drei–zwei–eins und losgebrochen ... ähm, natürlich gesprochen.

In Ulm, um Ulm und um Ulm herum
wachsen viele Ulmen.

Am zehnten zehnten zweitausend–
zehn, um zehn Uhr zehn
zogen zehn zahme Ziegen
zehn Zentner Zucker zum Zoo.

Brautkleid bleibt Brautkleid
Blaukraut bleibt Blaukraut.

Es lagen zwei zischende Schlangen zwischen
zwei spitzen Steinen und zischten dazwischen.

Wenn ich weiß, was du weißt,
und du weißt, was ich weiß,
dann weiß ich, was du weißt,
und weißt du, was ich weiß.

Der Leutnant von Leuten, befahl seinen Leuten,
nicht eher zu läuten, bis der Leutnant von Leuten
seinen Leuten das Läuten befahl.

Schneiderschere schneidet scharf.
Scharf schneidet Schneiderschere.

Ene–Mene–Meck
und schwups ist Flätscher weg.

Große Krebse krabbeln im Korbe.
im Korbe krabbeln große Krebse.

Fünf Ferkel fressen frisches Futter.

Früh in der Frische
fischen Fischer frische Fische
in der Fischach.

Hinter Hermann Hansens Haus
hängen hundert Hemden raus.
Hundert Hemden hängen raus
hinter Hermann Hansens Haus.

Der Metzger wetzt das Metzgermesser
mit des Metzgers Wetzstein –
mit des Metzgers Wetzstein
wetzt der Metzger sein Metzgermesser.

Wir Westerwälder Waschweiber
wollen Wilhelms weiße Windeln waschen,
wenn wir wüssten, wo warmes Wasser wär.

ZISCH

Der Cottbusser Postkutscher
putzt den Cottbusser Postkutschkasten.

Bürsten mit schwarzen Borsten
bürsten besser als Bürsten
mit weißen Borsten.

Kleine Kinder können keinen
Kaffee kochen.
Klitzekleine Kinder können
keinen Kirschkern knacken.

Ob er aber über Unterammergau
oder aber über Oberammergau kommt,
ist nicht gewiss.

Wenn Fliegen hinter Fliegen fliegen,
fliegen Fliegen hinter Fliegen her.

Nachbars Hund heißt Kunterbunt.
Kunterbunt heißt Nachbars Hund.

Hans hackt Holz hinterm Hühnerhaus.
Hinterm Hühnerhaus hackt Hans Holz.

Rasch rollt Rudis Rad.
Rudis Rad rollt rasch.

Hinter Flätschers Fransen, fischten zwei Schimpansen,
fischten zwei Schimpansen, hinter Flätschers Fransen.

Die Katze tritt die Treppe krumm.

Zehn zahme Ziegen zogen
zehn Zentner Zucker zum Zoo.

Esel essen Nesseln nicht,
Nesseln essen Esel nicht.

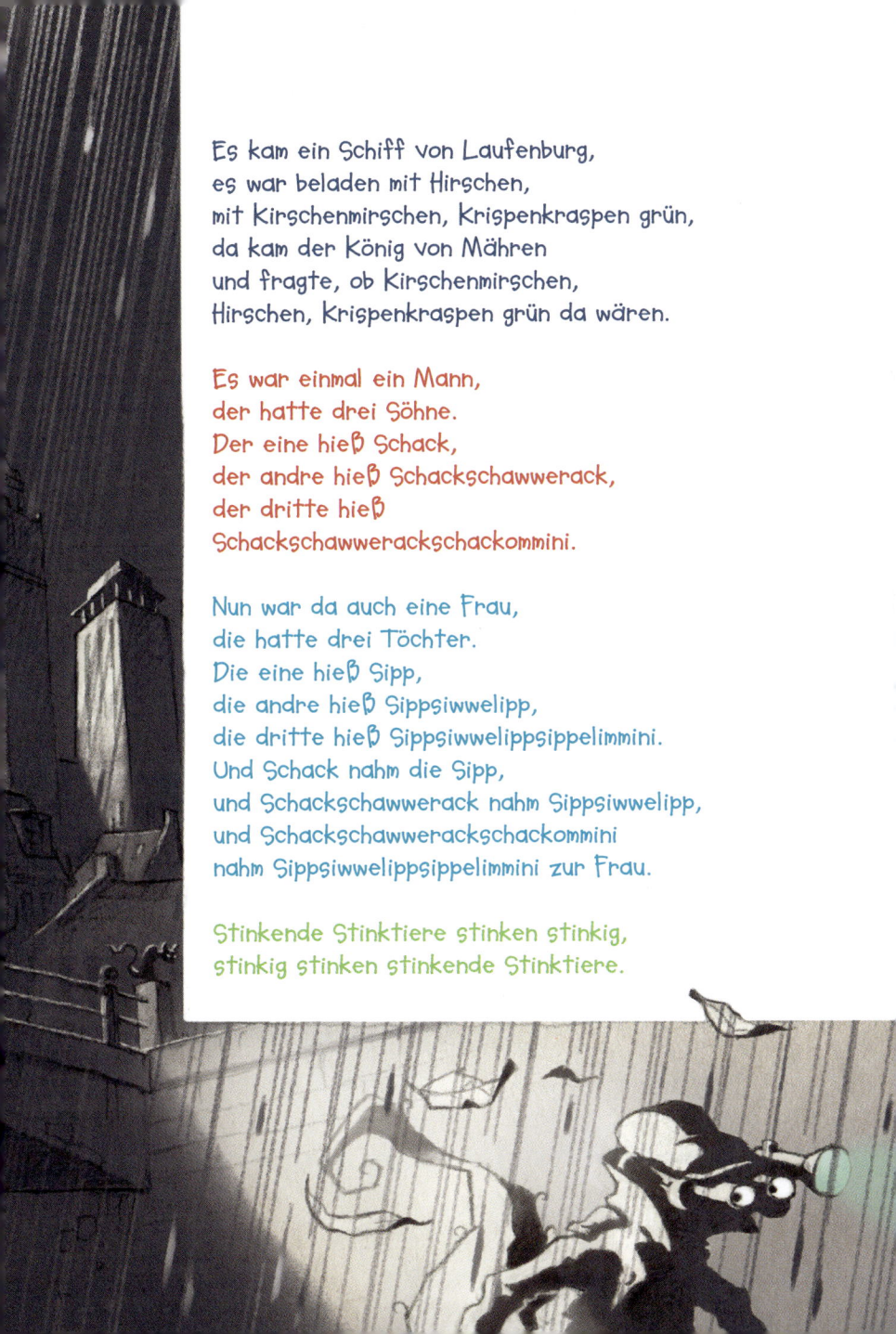

Es kam ein Schiff von Laufenburg,
es war beladen mit Hirschen,
mit Kirschenmirschen, Krispenkraspen grün,
da kam der König von Mähren
und fragte, ob Kirschenmirschen,
Hirschen, Krispenkraspen grün da wären.

Es war einmal ein Mann,
der hatte drei Söhne.
Der eine hieß Schack,
der andre hieß Schackschawwerack,
der dritte hieß
Schackschawwerackschackommini.

Nun war da auch eine Frau,
die hatte drei Töchter.
Die eine hieß Sipp,
die andre hieß Sippsiwwelipp,
die dritte hieß Sippsiwwelippsippelimmini.
Und Schack nahm die Sipp,
und Schackschawwerack nahm Sippsiwwelipp,
und Schackschawwerackschackommini
nahm Sippsiwwelippsippelimmini zur Frau.

Stinkende Stinktiere stinken stinkig,
stinkig stinken stinkende Stinktiere.

DIE SCHRÄGSTEN SCHERZFRAGEN DES HINTERHOFS – ACH WAS, DES UNIVERSUMS!

Wie kann man Rrrasbos Gehirn auf
die Größe einer Erbse bringen?
Ganz einfach, man pustet es auf!

Was gehört nur dir, aber
andere benutzen es viel mehr?
Dein Name

Welche Mausefalle hat
fünf Buchstaben?
Katze

Was ist durchsichtig und
riecht nach Karotten? –
Ein Kaninchenfurz!

Olafs Mutter hat drei Kinder:
Tick, Trick und …?

Olaf

Was ist das Gegenteil von Reformhaus?

Reh hinterm Haus

Was ist ein Cowboy ohne sein Pferd?

Ein Sattelschlepper

Welche Hunde
treten zu Weltmeisterschaften an?

Die Boxer

47

Du hast 20 Kinder und ein Korb mit 20 Äpfeln. Jedes Kind soll ein Apfel bekommen, jedoch soll ein Apfel im Korb bleiben. Wie kann man es schaffen, dass alle Kinder einen Apfel bekommen?

Du gibst 19 Kindern jeweils einen Apfel und einem Kind gibst du den Apfel mit Korb.

Was ist sauber vor und schmutzig nach dem Waschen?

Das Wasser

Wer frisst jede Menge Eisen, ohne dass ihm schlecht wird?

Der Rost

Was bleibt in der Ecke und reist doch um die Welt?

Die Briefmarke

Welche Kunden werden nicht bedient?

Die Sekunden

Welche Frage muss immer mit JA
beantwortet werden?

Wie Buchstabiert man »ja«

Wie viele Monate
haben 28 Tage

Alle von ihnen

Welcher Baum
benötigt keine Wurzeln?

Der Purzelbaum

Welches Gemüse erzählt die besten Witze?

Die Kichererbsen

Wie heißt das Reh mit Vornamen?

Kartoffelpü

Je mehr er hat,
desto weniger wiegt er. Wer ist das?

Der Käse mit Löchern

Was ist flüssiger als Wasser?

Hausaufgaben – die sind überflüssig!

Welcher Zug hält an keinem Bahnhof?

Der Durchzug

Was ist ein Keks unter einem Baum?

Ein schattiges Plätzchen

Wenn die Schwester deines Onkels nicht deine Tante ist, wer ist sie dann?

Deine Mutter

Was ist der Unterschied zwischen einem Bäcker und einem Teppich?

Der Bäcker muss morgens früh um halb vier aufstehen. Der Teppich kann liegen bleiben

Wer trägt eine Brille und kann doch nichts sehen?

Die Nase

Was ist die Steigerung von leer?

Lehrer

Wie heißt der Kater des stärksten Mannes der Welt?

Muskelkater

Was ist beim Elefanten klein und beim Floh groß?

Das F

Was ist das stärkste Lebewesen?

Die Schnecke. Sie trägt ein ganzes Haus auf dem Rücken.

Was liegt die ganze Zeit auf der Erde, wird aber niemals dreckig?

Dein Schatten!

Warum legen Hühner Eier??

Wenn sie sie schmeißen, gehen sie doch kaputt!

Was hat einen Eingang und drei Ausgänge?

Ein T-Shirt

Was ist der Unterschied zwischen einem Fußgänger und einem Fußballspieler?

Der Fußgänger geht bei Grün und der Fußballer geht bei Rot.

Was geht über das Wasser und wird nicht nass?

Die Brücke

Womit fängt der Tag an und hört die Nacht auf?

Mit dem Buchstaben T

Welches Brot kann man nicht
zum Frühstück essen?

Das Abendbrot

Welchen Satz hört ein Hai am liebsten?

Mann über Bord!

Wieso lügen Skelette nie?

Weil sie so leicht zu durchschauen sind.

Was hat einen Hals, aber keinen Kopf?

Eine Flasche

Wer hat einen Kopf und keine Beine?

Der Nagel

Was passiert, wenn eine Gans einen Fuchs trifft?

Sie bekommt eine Gänsehaut.

Was hüpft am Nordpol durch den Schnee und ist schwarz–weiß?

Ein Springguin

Warum haben Giraffen
eigentlich so lange Hälse? Weil sie den Gestank ihrer
eigenen Pupse nicht ertragen können!

Was liegt am Strand und redet undeutlich?

Eine Nuschel

Welche Bilder kann man nur im Dunkeln sehen?

Sternbilder

Was sagt ein Hase beim Überfall auf einen Schneemann?

Möhrchen oder Fön!

Was ist, wenn Kater Rrrasbo in den Schnee fällt?

Winter

Wie erkennt man, dass Rrrasbo im Kühlschrank war?

An den Fußspuren in der Erdnussbutter.

Welcher Mann hat zwei Raubtiere im Gesicht?

Ein BärTiger

Wo macht ein Skelett Urlaub?

Am Toten Meer

Warum ist das Rätselraten so gefährlich?

Weil man sich dabei den Kopf zerbricht.

Womit putzt man einen großen Löwen?

Mit Lebensgefahr

Was sagt ein großer Stift zu einem kleinen Stift?

Wachs mal, Stift.

Welcher Mann ist eiskalt, hat einen dicken Bauch und hört auf niemanden?

Der Schneemann

Was kann man nicht mit Worten ausdrücken?

Einen Schwamm

Warum summen Bienen?

Weil sie den Text nicht kennen.

Was sind fünf Höhlen in einem Loch?

Ein Handschuh

Wer ist ziemlich leicht aus der Fassung zu bringen?

Eine Glühbirne

Wo schmeckt die Schokolade am besten?

Im Mund

Wann sollte man ein Baby mit Tigermilch füttern?

Wenn es ein Tiger ist.

Welchen Spiegel kann man nicht putzen?

Den Meeresspiegel

53

Wie heißen die Einwohner von New York?

Keine Ahnung. Wie soll man sich von acht Millionen Leuten die Namen merken?

Warum malt Frau Knesemeier ihre Fußsohlen gelb an?

Damit sie sich kopfüber in Senf verstecken kann.

Warum kann Frau Knesemeier höher springen als ihr Haus?

Weil ein Haus nicht springen kann.

Was ist eine Fliege auf Rrrasbos Nase?

Lebensmüde

Warum geht Frau Knesemeier immer so leise an ihrem Medikamentenschrank vorbei?

Weil sie Angst hat, dass die Schlaftabletten aufwachen.

Was macht Frau Knesemeier in der Wüste?

Staubsaugen.

Warum fällt es dem Halunken so schwer,
die Zahl 55 zu schreiben?

Er weiß nicht, welche 5 zuerst kommt.

Was muss Frau Knesemeier immer tun,
bevor sie aus dem Zug aussteigen kann?

Einsteigen

Was macht Frau Knesemeier, wenn sie tiefer schlafen will?

Sie sägt die Beine ihres Bettes ab.

Warum legt Rrrasbo sich auf den Rücken
und streckt die Pfoten in die Luft?

So kann er besser Vögel fangen.

SENSATIONELLE STREICHE MIT LUFT

Neulich hat Theo doch tatsächlich zu mir gesagt: »Ach,
Flätscher, das ist doch nur Luft!«
Da hab ich sofort meine geniale Schnüfflernase gerümpft und
ihm verklickert, dass so manches Flätscher-Lüftchen mir schon
das Leben gerettet hat. Und außerdem ist Luft wichtig für
uns alle. Theo hat's zum Glück eingesehen. Und du? Denkst
du auch, das ist ja nur Luft und total langweilig?
Oha-oha, dann pass mal auf, was für fantastische Sachen
man mit Luft machen kann.
Im Meisterdetektiv-Vertrauen gesprochen: Für mich als
Supererfinder ist Luft eine der weltallerbesten Zutaten!
Also, auf geht's in die Luft ...

ZISCH

Der Handpups

Theo hat sich da etwas angewöhnt – oha, oha, Spitzenkoch Bode findet es überhaupt nicht gut. Aber ich lach mich jedes Mal krumm, wenn er es macht, und trainiere seitdem diesen scherzigen Luftstreich regelmäßig, ob die Situation nun passt oder nicht.

Probier es doch gleich mal aus: Drücke dafür die Hände zusammen, ohne dass sich die Handflächen berühren (zwischen ihnen muss noch etwas Luft sein). Die Außenränder der Hände müssen aber unbedingt ganz eng geschlossen sein, sodass keine Luft mehr durchkommt.
Nun drückst du die Handflächen mit ordentlich viel Kraft zusammen.
Die Luft entweicht geräuschvoll und das hört sich original wie ein erstklassiger Furz an!

Achselhöhlenpups

Eigentlich funktioniert dieser Streich genau wie der Handpups, doch dieses
Mal musst du deine eine Hand unter deiner entgegengesetzten Achselhöhle
wölben.
Jetzt drückst du erst den Oberarm, unter dem die Hand ist, kräftig an
deinen Körper. Danach nimmst du ihn wieder etwas weg. Ich sag's dir,
die Pupsgeräusche sind gewaltig.

Stinktieratem

Verträufelt! Theo hat gemeint, diesen Streich sollten wir unbedingt
Stinktieratem nennen. Als ob ein Stinktier aus dem Mund stinken würde.
Aber was soll's, ich bin ja kein Spiel– ... ähm, Streicheverderber.
Das brauchst du:
ein langstieliges Gänseblümchen und ein Stück eines Löwenzahnstängels
So funktioniert der Streich:
Drück den Stiel des Gänseblümchens direkt unter der Blüte zusammen,
damit er an dieser Stelle schön biegsam ist.
Schieb nun dein Gänseblümchen durch den Löwenzahnstängel, sodass dieser
das schlappe Gänseblümchen stützt. Nun halte das präparierte Blümchen
deinem »Veräppel-Kandidaten« vors Gesicht und sag: »Puste mal. Mal
sehen, ob du Stinktieratem hast!«
Während der andere pustet, schiebst du nun blitzschnell das Gänseblümchen nach oben und – zack – lässt das Blümchen den Kopf hängen.
Verträufelt ... was für ein übler Mundgeruch!

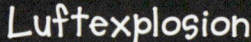

Luftexplosion

Frau Knesemeier hat vielleicht dumm aus der Wäsche geguckt.
Und Rrrasbo, der Tölpel, hat gefaucht, dass der Streich uralt sei – aber
erschreckt haben die beiden sich trotzdem vorher wie verrückt.
Is ja wohl stinkologisch!

Du brauchst dafür:
eine Papiertüte und ganz viel Puste

So funktioniert der Streich:
Blase die Papiertüte auf, halte die Öffnung mit einer Hand zu und lass die Tüte zerplatzen, indem du mit der anderen Hand ordentlich draufschlägst. Und das machst du ganz genau in dem Moment, wenn derjenige, den du damit erschrecken willst, um die Ecke kommt ..., dir den Rücken zugekehrt hat ..., aus dem Haus kommt.
Uhhhhhhhh! Was für ein Knall und was für ein Schreck!

EXPERIMENTE MIT LUFT

Als geborener Wissenschaftler bin ich immer auf der Suche nach den neusten Erfindungen und genialen Experimenten. Was man für verträufelt spannende Experimente mit Luft machen kann und dabei sogar die größten Geheimnisse der Luft enträtselt, wollte Theo mir erst nicht glauben – aber dann hat er Riesenseifenblasen gestaunt.
Is ja wohl luftologisch!

Tanzende Bälle

Du brauchst dafür: einen Fön und einen Tischtennisball

Darum geht's: In manchen aufregenden Shows kann man etwas Außerge-wöhnliches sehen: Ein Mann wird von einem starken Luftstrom, der aus einer riesigen Turbine kommt, von unten in die Höhe gehoben und schwebt wie ein Fallschirmspringer in der Luft. Echt beeindruckend! Doch warum fällt er nicht seitlich herunter?
Mit diesem Experiment kannst du es locker ausprobieren und herausfinden, warum es so ist.

So funktioniert es:

Der Fön wird mit der Öffnung senkrecht nach oben gehalten und eingeschaltet. Nun wird der Tischtennisball dazugenommen und direkt von oben in den warmen Luftstrom abgesetzt.
Und was passiert? Der Tischtennisball schwebt in der Luft!
Warum das so ist? Der Luftdruck im Luftstrom des Föns ist geringer als der Luftdruck außerhalb. Wenn der Ball nach außen ausbrechen will, drückt ihn die Luft, die sich um den Fön–Luftstrom befindet, wieder zurück. Ist doch ganz einfach, oder?

Flätscher–spezial–Experimentiertipp:

Am besten führt ihr das Experiment zu zweit durch – einer hält den Fön und der andere setzt den Ball in den Luftstrom ab.

Ballonturbo-Auto

Dafür brauchst du: ein kleines (leichtes) Auto, eine kleine Papppröhre, einen Luftballon, Klebeband

Darum geht's:

Ein Rennauto, das ohne Motor oder Batterie fährt? Nur durch die Kraft der Luft angetrieben. Kann das funktionieren?

So geht's:

Die Papppröhre der Länge nach mit dem Klebeband auf das Spielzeugauto kleben. Nun den Luftballonhals über ein Ende der Röhre stülpen. Soll das Auto vorwärtsfahren, auf das vordere Ende, soll es rückwärts-fahren auf das hintere Ende. Das Ballon-Mundstück kann auch mit dem Klebeband an der Röhre festgeklebt werden.
Nun den Ballon durch die Röhre hindurch aufpusten.
Damit keine Luft entweichen kann, muss mit einem Finger die Schlauchöffnung zugehalten werden. Ist der Ballon aufgeblasen, wird das Auto auf den Boden gestellt.
Jetzt wird die Energie freigegeben, indem der Finger von der Röhrenöffnung genommen wird – und ab geht die rasante Luftfahrt! Theo hat gemeint: ein wirklich luftiges und rasantes Experiment!

Das Luftdruck-zum-staunen-Experiment

Das brauchst du: ein Trinkglas, bis zum Rand gefüllt mit Wasser, ein Stück Pappe zum Verschließen

Darum geht's: Der Luftdruck hält Wasser in einem Glas fest, auch wenn es umgedreht wird!

Ein ganz erstaunliches und grandios einfaches Experiment.

So geht's:

Das volle Glas wird mit der einen Hand gehalten, während die andere Hand die Pappe wie einen Deckel auf das Glas drückt. Nun wird das Glas umgedreht. Und siehe da: kein Wasser läuft aus. Das ist ja noch gut möglich, aber nun wird die Hand weggezogen, die den Pappdeckel hält. Und auch jetzt bleibt das Wasser im Glas!

Doch wie ist das nur möglich? Ganz einfach: Der äußere Luftdruck, der von unten auf die Pappe drückt, ist stärker als das Gewicht des Wassers im Glas, das auf die Pappe drückt.

Flätscher-super-Experimentiertipp:

Du kannst diesen Versuch auch mit einem noch leichteren Blatt Papier wiederholen.

Wie kann man den Luftdruck sichtbar machen?

Dafür brauchst du:

ein Lineal oder ein dünnes Brettchen und einige Lagen Zeitungspapier

Darum geht's:

Den Luftdruck sichtbar zu machen. Is ja wohl klarissimo!

So geht's:

Zuerst wird das Lineal so auf den Tisch gelegt, dass es etwa ein Drittel über die Tischkante hinausragt. Anschließend wird es mit dem Zeitungspapier beschwert. Nun mit der Faust schnell und kräftig auf das überstehende Linealende hauen. Doch das Zeitungspapier wird nicht – wie du vielleicht erwartet hast – hochkatapultiert, sondern das Lineal wird eher abbrechen.

Warum das so ist?

Auf dem Zeitungsstapel lastet der Luftdruck und hält das Lineal wie in einer Schraubzwinge fest, sodass man mit seiner Kraft eher das Lineal zerbricht.

Drückt man aber das Linealende langsam und sanft herunter, hat die Luft genügend Zeit auszuweichen. So kann man den Zeitungsstapel mit dem Lineal hochheben.

Flätscher–genialo–Experimentiertipp:

Da im Normalfall immer das Lineal zerbrechen wird, rate ich dir, alte Lineale zu benutzen!

Tanzende Schlangen

Ziiiisch

SCHNIPP

Dafür brauchst du:
eine Schere, Bastelpappe, Buntstifte, dünner Faden

So geht`s:
Du malst einige Schlangen auf ein Stück Bastelpappe.
Begonnen wird mit dem Kopf ganz in der Mitte des Blattes, der
zusammengerollte Körper wird spiralförmig drumherum gemalt.
Dann schneidest du deine Schlangen aus und malst sie an.
Durch den Schlangenkopf wird ein dünner Faden gezogen.
Einige Schlangen werden nun über einen warmen Heizkörper aufgehängt,
die anderen werden mitten im Raum aufgehängt.
Und was passiert nun?
Die Schlangen über der Heizung beginnen
zu tanzen, während sich die Schlangen, die sich
inmitten des Raumes befinden, nicht bewegen.
Und wie kann das sein?
Die durch die Heizung erwärmte Luft steigt nach oben.
Durch diesen Luftstrom setzen sich die Schlangen in Bewegung.
Grandios, oder?!

Ist Luft leichter als Wasser?

zwei gleich große Trinkgläser, eine große Schüssel mit Wasser

Darum geht's:
Wetten, dass sich im Küchenschrank kein leeres Glas befindet?
Sie sind nämlich alle mit Luft gefüllt!

So geht's:
Um das zu beweisen, kannst du mit deinen Freunden
folgendes Experiment durchführen:
Tauche ein Glas mit dem Boden nach unten in
die Schüssel mit Wasser, bis es voller Wasser ist.
Halt das zweite Glas nun mit dem Boden nach
oben fest und tauche es möglichst senkrecht
in die Wasserschüssel ein.
Es kann sich nicht mit Wasser füllen, weil
es voller Luft ist. Nun wird die Luft unter
Wasser in das wassergefüllte Glas umgekippt.
Das Wasser entweicht! Warum das so ist?
Weil Luft leichter ist als Wasser und nach oben
steigt. Das Wasser im zweiten Glas wird
von der Luft verdrängt.
Du kannst auch mit einem Knick–Strohhalm unter
das wassergefüllte Glas pusten. Und im Nu ist das
Glas leer – nein, natürlich ist es nicht leer, sondern
das Glas ist mit Luft gefüllt! Ich sag's dir,
die anderen werden ganz schön staunen!

67

Wer tippt hier richtig?

Das brauchst du:
Luftballons, Faden, Reißzwecken, ein Strohhalm pro Experimentierer,
je eine Augenbinde, Stifte und Papier

Darum geht's:
Ein spannendes Experiment, bei dem du und deine Mitexperimentierer
unbedingt vorher euren Tipp abgeben müsst – ist ja schließlich
ein »Tipp-Experiment«!

So geht's:
Zuerst werden jeweils zwei Ballons zu gleichen Größen aufgepustet und an
einem Band befestigt. Anschließend werden die Ballons nebeneinander
aufgehängt, jedoch so, dass sie sich nicht berühren.
Und was passiert nun, wenn man mit einem Strohhalm zwischen den
Luftballons hindurchpustet?
Damit es richtig schön spannend wird, schreibt jeder – bevor das
Experiment durchgeführt wird – seinen Namen und seinen Tipp auf einen
Zettel und faltet diesen zusammen.
Und nun kommt das Experiment. Anschließend werden die Zettel
auseinandergefaltet und nachgeschaut, wer richtig getippt hat.

LUFTBALLON-SPIELE FÜR SUPERSTARS

Neulich hat Olaf im Hinterhof einen Luftballon gefunden. Die Luft war schon fast vollständig aus dem grünen Teil heraus, sodass Olaf ihn locker mit runter in den Keller der 7a nehmen konnte – du fragst dich warum? Dann sind wir schon zu zweit, denn das habe ich ihn auch sofort gefragt, als ich den Ballon in der hintersten Ecke des Mäusequartiers entdeckt habe. Olaf hat nur mit den Schultern gezuckt und gemeint, man könnte schließlich nie wissen, wozu man irgendwann noch einmal einen zwerggroßen Luftballon gebrauchen könnte. Nun ja, oha, typisch Olaf eben.
Aber dann habe ich mir mal ein paar Gedanken zu dem Luftballon gemacht und was man damit alles anstellen kann (natürlich mit etwas mehr Luft gefüllt als das lasche grüne Teil von Olaf).

Wettpusten
Dafür brauchst du:
Luftballons, Stoppuhr oder eine Uhr mit Sekundenzeiger
So geht's:
Immer zwei treten im Pustewettbewerb gegeneinander an.
Jeder von euch bekommt einen Luftballon.
Dann ruft einer: »Auf die Plätze ... fertig ... und losgepustet!«,
und schon läuft die Stoppuhr.
Derjenige, der innerhalb von zwanzig Sekunden den größten Ballon aufge-
blasen hat, hat den Wettbewerb gewonnen.
Natürlich können auch mehrere Spieler gleichzeitig gegeneinander antreten.
Und immer schön daran denken: tiiiiief Luft holen!

Ra-ra-Raketen

Dafür brauchst du:

Luftballons in verschiedenen Farben, wasserfester Stift

So geht's:

Zuerst wird eine Start– und Ziellinie festgelegt. Jeder Spieler bekommt einen Ballon und bläst diesen möglichst groß auf. Aber nicht zuknoten! Dann schreibt ihr eure Namen auf den Ballon.

Nun kann es auch schon losgehen. Ihr stellt euch an die Startlinie. Auf Kommando lassen alle gleichzeitig ihren Ballon los. Natürlich fliegen die Ballons kreuz und quer durch die Luft, manche werden dabei sogar von echt lustigen Tönen begleitet. Wessen Ballon am nächsten der Ziellinie landet, der hat gewonnen.

Luftballon–Basketball

Dafür brauchst du:

Luftballon, zwei große Bögen Papier, Klebeband oder Reißzwecken

Vorbereitungen:

Jeweils ein großes Blatt Papier wird an zwei gegenüberliegenden Wänden befestigt.

Bitte darauf achten, dass die Höhe, in der die Papierblätter angebracht werden, auf die Größe der Spieler abgestimmt wird: In etwa so hoch anbringen, dass der Kleinste von euch es gerade noch berühren kann. Die beiden Blätter sind die »Basketballkörbe«!

Dann wird ein Spielfeld festgelegt und der Luftballon aufgeblasen.

Jetzt geht es los:

Zwei gleich starke Mannschaften werden gebildet. Der Spielleiter wirft zu Beginn des Spieles den Ballon in der Mitte des Spielfeldes so hoch wie möglich. Die Spieler versuchen ihn zu erwischen und in Richtung gegnerischen Korb zu schlagen. Doch aufgepasst, wer mit dem Ballon in der Hand mehr als drei Schritte macht, muss für eine Minute das Spielfeld verlassen oder eine Aufgabe – die sich der Spielleiter einfallen lässt, z. B. fünf Liegestütze machen – erfüllen. Um einen Punkt zu erzielen, muss der gegnerische Korb mit dem Ball berührt werden. Welche Mannschaft zuerst zehn Punkte erreicht hat, hat gewonnen.

Hört sich leicht an und ist doch ziemlich schwierig, denn der Ballon fliegt natürlich selten dahin, wo er hinsoll!

Quietschende Ballons

Dafür brauchst du: Luftballons

So geht`s:

Bei diesem Spiel geht es eigentlich nur um den Spaß, allerdings kann auch leicht ein Wettbewerb daraus entstehen.

Zuerst bekommt jeder deiner Mitspieler einen Ballon und pustet diesen auf. Aber nicht zuknoten. Nun zieht ihr die Öffnung eurer Ballons straff auseinander.

Durch den Spalt kann die Luft entweichen und verursacht dadurch lautes und echt witziges Quietschgeräusch. Wenn der Spalt verändert wird, entstehen immer wieder andere und noch schrägere Töne.

Und so wird ein Wettbewerb daraus:

Jetzt geht es um viel Fingerspitzengefühl.

Alle blasen ihre Ballons auf. Einer von euch gibt das Kommando und dann lassen alle ganz langsam die Luft entweichen. Dabei zieht ihr wie zuvor die Öffnung straff auseinander und hin und her. Demjenigen, dem es gelingt seinem Ballon am längsten echt schräge Töne zu entlocken, der hat den Quietschwettbewerb gewonnen.

Schwebende Ballons

Dafür brauchst du: Luftballons und für die Wettbewerbvariante
eine Stoppuhr oder eine Uhr mit Sekundenzeiger

So geht's:
Jeder von euch erhält einen Luftballon. Aufblasen und zuknoten!
Anschließend werden die Ballons in die Luft geworfen und alle versuchen,
sie so lange wie möglich oben zu halten. Doch aufgepasst: eure Arme bleiben
dabei strengstens hinterm Rücken verschränkt! Der Ballon darf nur mit
dem Kopf, dem Knie, der Schulter, dem Rücken, dem Bauch, dem
Oberkörper, den Füßen oder auch mit dem Po berührt werden.
Welcher Luftballon bleibt am längsten in der Luft?

Düsenflieger fangen

Dafür brauchst du:
Luftballons und einen wasserfesten Stift

So geht's:
Zuerst wird der Düsenflieger-Fänger bestimmt. Alle anderen bekommen
Luftballons, die sie aufblasen (ohne zuzuknoten) und mit ihrem Namen
(oder einem superspeziellem Geheimzeichen) beschriften.
Und schon kann es losgehen: Der Fänger stellt sich im Abstand von
ungefähr ein bis drei Meter Entfernung zu den anderen auf. Die anderen
blasen ihre Ballons ordentlich dick auf und halten sie gut zu, damit nicht
vorher schon Luft entweichen kann.
Nun gibt der Spielleiter das Startzeichen und alle lassen gleichzeitig ihren
Ballon los. Die zischen wie kleine Düsenjäger durch die Luft. Derjenige,
der zum Fänger bestimmt wurde, versucht nun wenigstens einen der durch
die Luft düsenden Ballons zu fangen. Hat er das geschafft, so wird der
Spieler zum neuen Fänger, dem dieser Ballon gehört.

Flieg, Luftballon, flieg!

Dafür brauchst du:
Luftballons, wasserfester Stift, ein Bettlaken
So geht's: Alle Mitspieler bekommen einen Luftballon,
pusten ihn auf, knoten ihn zu und schreiben ihren Namen
darauf. Das Laken wird ausgebreitet und die Spieler
stellen sich ringsherum. Sie nehmen das Laken auf und
heben es unter schwingenden Bewegungen in die Höhe.
Schon können sie den Wind in dem großen Segel spüren!
Nun legen alle ihre Ballons auf das Laken. Durch die Bewegungen
werden die Ballons in die Höhe geschleudert.
Der Spieler, dessen Ballon am höchsten in die Lüfte fliegt, hat den
Flug–Wettbewerb gewonnen. Kann so lange wiederholt werden, wie
ihr dazu Lust habt.

Irrgarten

Dafür brauchst du:
Luftballon, etwas Wasser und einen wasserfesten Stift
Vorbereitungen:
Zuerst wird etwas Wasser (nur ganz wenig) in den Ballon gefüllt. Anschließend den Ballon aufblasen und zuknoten. Nun zeichnest du einen Irrgarten
auf den Ballon. Start – viele Wege – kleine Gassen – Sackgassen – und
natürlich das Ziel.
Jetzt geht's los: Der Ballon wird über den Kopf gehalten, sodass viel
Licht einfallen kann. Nun sollst du versuchen, die Wassertropfen durch
den Irrgarten zu führen. Begonnen wird natürlich beim Start und das Ziel
gilt es zu erreichen. Eine wirklich knifflige Aufgabe, die viel Konzentration
und Fingerspitzengefühl erfordert.
Flätscher–Spieltipp: Im Liegen geht es noch besser!

Luftballonschlepper

Dafür brauchst du: Luftballons, Wasser

So geht's:

Die Luftballons werden leicht aufgeblasen und dann mit reichlich Wasser gefüllt. Eine Strecke – mit Start und Ziel – wird markiert und zwei Mann-schaften gebildet. Nun geht es darum, welche Mannschaft es schafft, die meisten Luftballons ins Ziel zu bringen – aber bitte unbeschädigt! Die Wasserballons sollen von den Spielern auf der ausgestreckten Handinnenfläche – wie auf einem Tablett – transportiert werden. Das erfordert volle Konzentration, denn erst wenn einer der Spieler seinen Ballon ins Ziel gebracht hat, darf der nächste starten. Sobald alle Ballons ihren Platz vom Start zum Ziel gewechselt haben, wird nachgezählt. Die Mannschaft, der es gelungen ist, die meisten unbeschädigten Luftballons ins Ziel zu bringen, hat gewonnen!

Flätscher–Spieltipp:

Achtung: Das kann richtig feucht werden! Deshalb solltest du dieses feucht–fröhliche Spiel am besten nur draußen unter freiem Himmel spielen!

Luftballontanz

Dafür brauchst du:

Luftballons und coole Musik

So geht`s:

Jeweils zwei bilden ein Paar. Bevor ihr mit eurem Tanz beginnt, muss jedoch noch der Luftballon aufgeblasen werden. Nun gibt der Spielleiter die Stelle, mit welcher der Ballon gehalten werden muss, bekannt. Zum Beispiel: Stirn an Stirn, zwischen den Bäuchen einklemmen, Po an Po, zwischen den Händen oder den Ellbogen oder auch Schulter an Schulter. Die Musik wird angestellt und los geht der Tanz. Ihr müsst unbedingt darauf achten, dass der Luftballon nicht hinunterfällt oder zerplatzt. Das Paar, welches am längsten tanzt – ohne den Ballon verloren zu haben –, hat den Wettbewerb gewonnen.

Luftballonkracher

Dafür brauchst du:

Luftballons, Schnur, Schere, Musik

So geht`s:

Die Luftballons werden aufgeblasen und mit einer Schnur binden sich alle einen Ballon um den Knöchel. Die Musik wird angemacht und jetzt gibt es kein Halten mehr: Jeder versucht den Ballon des anderen zu zertreten, muss aber gleichzeitig darauf achten, dass der eigene Ballon nicht zerplatzt. Wem es gelingt, seinen Ballon bis zuletzt zu verteidigen, der ist natürlich der Gewinner! Is ja wohl logissimo!

HACH...

Ballonlauf

Dafür brauchst du:
Luftballons, Esslöffel

So geht's:
Eine Strecke wird markiert – Start und Ziel festgelegt. Du trittst gegen einen Freund an – immer schön zu zweit –, und zwar zum rasanten Ballon-lauf.
Ballons auf den Esslöffel gelegt, Startzeichen geben und los geht es!
Natürlich gaaaanz vorsichtig, denn der Ballon darf nicht vom Löffel fliegen. Sonst geht es nämlich zurück zur Startlinie.
Wer zuerst im Ziel ist, der hat natürlich gewonnen!

Deckenkleber

Dafür brauchst du:
Luftballons

So geht's:
Ist es Zauberei? – werden dich bestimmt deine Freunde fragen. Zumindest hat Olaf mich das gefragt ... und Cloe, nur Theo kannte den »Trick« schon. Also, zunächst werden die Ballons aufgeblasen. Anschließend reiben alle, die mitmachen, ihre Ballons an einem Wollpullover (an den Haaren reiben funktioniert auch!) und sprechen dabei eine super-geheimnisvolle Zauberformel. Nun die Ballons unter die Zimmerdecke gehalten – schwupp – und was für ein Wunder, sie haften an der Decke.
Wie von Zauberhand, ohne Kleber!
Wenn du magst, dann schließ mit deinen Freunden eine Wette ab: Welcher Ballon hält sich am längsten unter der Decke?

WOOOSCH

Eisige Ballons
Dafür brauchst du:

Einige Ballons, Wasser, Wasser–, Lebensmittel– oder Temperafarben, ein Kuchenblech, Gefrierfach, eine große mit Wasser gefüllte Schüssel, eine Pipette, eventuell Salz

So geht's:

Hast du schon einmal einen Luftballon eingefroren? Nein?
Oha, dann wird es aber driiingend Zeit!

Alle Ballons werden mit Wasser gefüllt und auf ein Kuchenblech gelegt, das Ganze für ein bis zwei Tage ins Eisfach schieben. Wenn sie ganz fest gefroren sind, werden die Ballons wieder herausgeholt und die Ballonhülle entfernt. Und schon hast du eine Eis–Luftballon–Skulptur. Nun kannst du sie in der mit Wasser gefüllten Schüssel schwimmen lassen. Dabei mit der Pipette etwas Farbe auf die gefrorenen Figuren tropfen. Alle in Bewegung setzen – anstoßen, untertauchen und beobachten, was mit der Farbe passiert.

Und noch etwas kannst du versuchen: Gefärbtes Salzwasser auf die gefrorenen Gebilde tropfen. Was passiert? Du kannst auch farbige »Skulpturen« herstellen, indem du das Wasser einfärbst, bevor du es gefrieren lässt. Wenn du mit Temperafarben gefärbtes Wasser in die Ballons gibst, werden sie zu gefrorenen Pinseln, mit denen du sogar auf Papier malen kann. Grandios!

SPIELE FÜR KLUGE KÖPFCHEN

Wer ein kluges Köpfchen haben will, der muss es auch trainieren. Das hat schon der große Sherlock Holmes gewusst. Ich zum Beispiel spiele für mein Leben gern mit Theo, Olaf und der O-Clique und auch mit der wunderbaren Cloe. Und das ist auch gut so, denn sonst wäre ich bestimmt nicht so ein überaus intelligentes Super-stinktier und ein sagenhafter Meisterdetektiv dazu. Is ja wohl stinkologisch!
Hier habe ich für dich und deine Freunde einige meiner Lieblingsspiele für drinnen und draußen zusammengestellt. Also ... auf die Plätze ... fertig ... losgespielt!

Das Weckerspiel
Dafür brauchst du:
einen Wecker und ein Tuch
So wird gespielt:
Der Spielleiter versteckt einen Wecker im Raum. Nun ist ein gutes Gehör gefragt. Wer den Wecker zuerst findet, versteckt ihn erneut und die akustische Suche beginnt von Neuem.
Flätscher-super-Tipp:
Ein gutes Gehör ist enorm wichtig für einen Superdetektiv!

WETZ

Variante:

Einem Spieler werden die Augen mit einem Tuch verbunden. Der Wecker wird nun an einem beliebigen Platz aufgestellt, irgendwo in der Umgebung, so dass man ihn noch »ticken« hören kann. Nun heißt es: immer schön dem Gehör nach. Hat der Spieler seine »gespitzte-Ohren-Weckersuche« erfolgreich erledigt, kommt der nächste dran

Stille Post ganz neu

So wird gespielt:

Alle Spieler sitzen im Kreis und halten sich an den Händen. Einer der Spieler schickt – per sanften Handdruck – die Post ab. Dabei sagt er: »Jetzt schicke ich die Post ab!« Jeder Spieler gibt durch einen Händedruck die Post weiter, zweimal drücken bedeutet einen Richtungswechsel.
Sobald die Post wieder bei dem Spieler angekommen ist, der sie abgeschickt hat, ruft er: »Die Post ist angekommen!« und das Spiel kann neu beginnen.

Flätscher-kluges-Köpfchen-Tipp:

Dieses kleine Wahrnehmungsspielchen macht noch mal mehr Spaß, wenn alle die Augen dabei schließen und wirklich nur »erfühlen«, wie die Post ihren Weg findet. Also Augen zu und ab geht die Post!

FERTIG

Tüchertanz

Für Cloes Lieblingsspiel benötigst du und deine Mitspieler mehrere bunte Tücher.

So wird gespielt:

Jeder Spieler hat ein Tuch in unterschiedlichen Farben in der Hand. Die Spieler »zeichnen« mit dem Tuch verschiedene Muster in die Luft. Nun ruft der Spielleiter: »Blau tauscht mit Gelb!« Der Spieler mit dem blauen Tuch und der mit dem gelben tauschen blitzschnell ihre Tücher aus. Dann »zeichnen« sie mit dem »neuen« Tuch Muster in die Luft. Der Spielleiter gibt ständig neue »Farbtausche« vor.

Flätscher-kluges-Köpfchen-Tipp:

Bei diesem Spiel gibt es keine Gewinner oder Verlierer, es geht nur um den Spaß an der Bewegung. Zusätzlich schult dieser Tüchertanz die Wahrnehmung – sehr wichtig für brandheiße Ermittlungen!

Der Dirigent

So wird gespielt:

Alle Spieler stehen oder sitzen im Kreis. Ein Spieler, der zuvor ausgewählt wurde, verlässt kurz den Raum. Nun wird ein Dirigent gewählt, der verschiedene Bewegungen vorgibt, z. B. in die Hände klatschen, am Kopf kratzen, auf die Oberschenkel klopfen ... Alle anderen Spieler müssen sogleich diese Bewegung mitmachen. Der erste Spieler wird in den Raum gerufen und soll den Dirigenten ...

... ausfindig machen. Dieser wechselt nun ständig die Bewegungen. Hat der Spieler den Dirigenten entlarvt, wird dieser nun vor die Tür geschickt und ein neuer Dirigent wird gewählt. Das Spiel beginnt von vorne.

Flätscher-was-ich-noch-dazu-sagen-wollte-Tipp:
Die Wahrnehmung ist der Grundpfeiler für einfach alles! Das könnt ihr mir glauben. Durch dieses Spiel wird die Wahrnehmung und Aufmerksamkeit geschult und außerdem macht es verträufelt viel Spaß.

Der Märchenflüsterer

So wird gespielt:
Es muss stockdunkel sein, so dunkel, dass man die Hand vor Augen nicht sieht. Die Spieler bilden einen so großen Kreis, dass sie viel Bewegungsfreiheit haben. Ein Spieler, der zuvor vom Spielleiter ausgewählt wurde, tritt in die Mitte und beginnt im Flüsterton eine Geschichte zu erzählen. Die Mitspieler sollen anhand der Stimme herausfinden, wer es ist. Glaubt einer, den Märchenerzähler erkannt zu haben, geht er ebenfalls in die Mitte und flüstert ihm seine Vermutung ins Ohr. Hat er recht, tauschen beide die Rollen und das Märchen geht weiter.

Flätscher-famoser-zuhör-Tipp:
Bei diesem Spiel wird ganz nebenbei deine Konzentration geschult und gleichzeitig dein Gehör! Perfekto, finde ich!

Jaulendes Hündchen

So wird gespielt:

Die Spieler sitzen im Kreis und haben die Augen geschlossen.
Ein Spieler mimt das jaulende Hündchen und krabbelt im Kreis herum.
Nun hockt er sich vor einen der anderen Spieler und fängt herzerweichend
an zu jaulen. Der ausgewählte Spieler
streichelt das Hündchen und muss anhand des Jaulens
herausfinden, wer es ist. Hat er richtig geraten, so wird er selbst zum
Hündchen, liegt er aber falsch, so wandert das
jaulende Hündchen zum nächsten Spieler weiter.

Flätscher-wusstest-du-das-eigentlich-Tipp:
Und schon wieder kannst du ganz spielerisch
dein Gehör und deine Aufmerksamkeit schulen –
ich find's großartig!

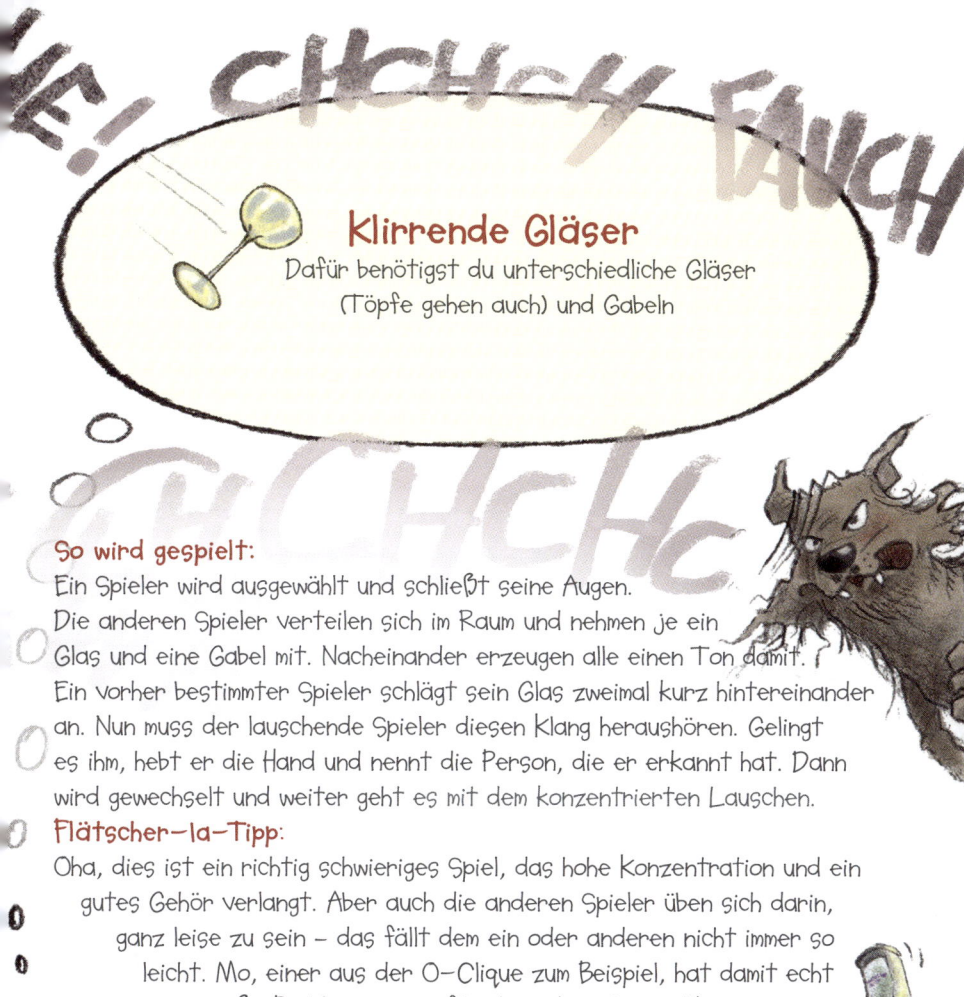

Klirrende Gläser

Dafür benötigst du unterschiedliche Gläser
(Töpfe gehen auch) und Gabeln

So wird gespielt:
Ein Spieler wird ausgewählt und schließt seine Augen.
Die anderen Spieler verteilen sich im Raum und nehmen je ein
Glas und eine Gabel mit. Nacheinander erzeugen alle einen Ton damit.
Ein vorher bestimmter Spieler schlägt sein Glas zweimal kurz hintereinander
an. Nun muss der lauschende Spieler diesen Klang heraushören. Gelingt
es ihm, hebt er die Hand und nennt die Person, die er erkannt hat. Dann
wird gewechselt und weiter geht es mit dem konzentrierten Lauschen.

Flätscher-la-Tipp:
Oha, dies ist ein richtig schwieriges Spiel, das hohe Konzentration und ein
gutes Gehör verlangt. Aber auch die anderen Spieler üben sich darin,
ganz leise zu sein – das fällt dem ein oder anderen nicht immer so
leicht. Mo, einer aus der O-Clique zum Beispiel, hat damit echt
grooße Probleme, immer fängt er das alberne Mäusege-
kichere an. Uargh!

Im Team geht's besser!

Für dieses Teamspiel brauchst du nur ein Paar Schuhe
mit Schnürsenkel.

So wird gespielt:

Zwei finden sich zu einem Paar zusammen. Nun machen sie sich gegenseitig
die Schnürsenkel ihrer Schuhe auf. Anschließend sollen sie versuchen, mit
der eigenen Hand und mit der einen Hand des Partnerspielers den Schuh
wieder zuzubinden. Das erfordert einiges Geschick und gute Zusammen-
arbeit. Ist der erste Schuh wieder zu, so machen sie sich gemeinsam an
den zweiten Schuh.

> ### Flätscher-perfekto-Tipp:
> Theo und ich sind eh schon ein tolles Team.
> Aber durch dieses Spiel üben wir unsere Zusammenarbeit,
> unsere Teamfähigkeit noch ein bisschen mehr.

Und so wird ein lustiger Wettbewerb daraus:

Die Paare treten im Schnell-Schuh-Zubinden-Wettbewerb gegeneinander
an. Auf ein Startzeichen des Spielleiters hin geht es los. Gewonnen hat das
Paar, dem es gelungen ist, als Erstes beide Schuhe wieder zu einer Schleife
zugebunden zu haben. Rasant und total lustig!

Kommissar Augenauf!

Für mein allerliebstes Kommissar-Spiel brauchst du einiges an
Material: viele verschiedene Kleidungsstücke, Schmuck, Hüte etc.

So wird gespielt:

Alle Spieler sitzen im Kreis. In der Mitte liegen sechs verschiedene
Kleidungs- und Schmuckstücke. Ein Spieler ist der Kommissar »Augenauf«.
Er prägt sich alle Sachen gut ein und geht dann vor die Tür. In der Runde
gibt es einen Dieb, der nun ein Kleidungs- oder Schmuckstück stiehlt und
es sich anzieht. Schnell setzt der Dieb sich wieder auf seinen Platz. Die
anderen Spieler rufen laut um Hilfe. Kommissar »Augenauf« betritt den
Raum und muss den Dieb mit seiner Beute entlarven. Wird er den Fall
lösen können?

Flätscher-super-Detektiv-Tipp:

Für einen Superdetektiv ist es von enormer Wichtigkeit, dass er perfekt
beobachtet und ein erstklassiges Erinnerungsvermögen hat. Nur so kann es
ihm beispielsweise gelingen, Dinge zu bemerken, die ihn auf die Spur
des Halunken führen.

RUMMS

Die Fühl-rate-Kiste

Für dieses Spiel brauchst du wieder einiges an Material, wie z. B. Weintraube, Shampoo, Karotte, Quark, Pudding, Schaffell und so weiter, eine Kiste und ein Tuch zum Abdecken.

So wird gespielt: Einer wird zum Spielleiter bestimmt, der als Einziger weiß, welche Dinge in der Kiste verborgen sind. Er deckt die Kiste mit dem Tuch zu und lässt den ersten »Forscher« einen Gegenstand befühlen, zu dem dieser eine kurze Geschichte erzählt. Zum Beispiel könnte sie beim Griff ins Shampoo so beginnen: »Als ich zum ersten Mal mit dem Schleim dieser seltsamen Außerirdischen in Berührung kam ...«

Wenn die Geschichte zu Ende ist, greifen die Zuhörer ebenfalls in die Kiste und befühlen den »Schleim«. Bäh-und-liiigittt! Erst danach löst der Spielleiter das Geheimnis. Nachts oder im Dunkeln gespielt, ist es doppelt so spannend.

Flätscher-hast-du-es-geahnt-Tipp:

So einfach dieses Spiel auch ist, es schult astrein deine Wahrnehmung und dein Körpergefühl. Is ja wohl detektivischklaro!

Hallo, Herr Hai!

So wird gespielt:

Bevor die Fischjagd losgehen kann, muss ein Fischbecken (Spielfeld) und eine Rettungsinsel (Tisch, Bank, Sandkasten, Baum etc.) festgelegt werden. Dann wird ein Spieler bestimmt, der den Hai spielt, während sich die anderen Spieler in Fische verwandeln, die der Hai zu gerne fressen würde. Das Spiel funktioniert so: Alle, der Hai und die Fische, laufen im »Fischbecken« herum. Dabei rufen die Fische immer wieder: »Herr Hai, Herr Hai, wie spät ist es?« Der Hai antwortet z. B. mit »Es ist Zeit zum Spielen ...« oder zum Laufen, Tanzen, Bauen usw. Wenn er aber mit »Zeit zum Fressen« antwortet, müssen alle Spieler zu den Rettungsinseln flüchten! Jeder Fisch, den der Hai gefangen hat, wird jetzt selbst ein Hai und macht mit beim »Fische fangen«. Das Spiel ist aus, wenn nur noch ein Fisch übrig ist. In der nächsten Runde ist er dann der Hai!

Flätscher-Fitness-Tipp:

Bewegung macht klug und hält gesund.

Der Spiegel
Mein LIEBLINGSSPIEL, ich gebe es offen zu!

So wird gespielt:
Du stellst dich mit deinem Partner gegenüber auf – ihr könnt aber auch im Sitzen spielen. Einer von euch beiden beginnt eine Körperbewegung zu machen. Der andere ist der Spiegel, macht alle Übungen und Bewegungen nach. Ihr seid dabei vollkommen still. Seid ihr einigermaßen geübt, können auch zwei oder mehrere Spieler den ersten spiegeln. Das Spiel wird umso anspruchsvoller, je mehr Spieler beteiligt sind.

Flätscher-Bewegungs-und-Koordinations-Tipp:
Du musst schon sehr genau aufpassen und deinen Körper gut unter Kontrolle haben, um jede noch so kleine Bewegung deines Gegenübers zu spiegeln. Theo und ich spielen das manchmal stundenlang und verlieren nie den Spaß daran. Echt grandios!

Ich kleb an dir – der Klebetanz!
Für das Lieblingsspiel von Olaf und der O-Clique benötigst du Musik (am besten einen CD-Player oder Ähnliches)

So wird gespielt:
Zwei bilden ein Paar. Der Spielleiter bestimmt z. B: »Rücken an Rücken festgeklebt!« Und schon geht es los mit dem Rücken-an-Rücken-Zweier. Die Paare tanzen zu der Musik durch den Raum, ohne ihre Rücken-an-Rücken-Klebehaltung aufzugeben. Dann wird die Musik gestoppt

und der Spielleiter bestimmt eine neue Klebestelle z. B.: Stirn–an–Stirn,
Po–an–Po, Ellbogen–an–Ellbogen, Fuß–an–Fuß, Nase–an–Nase, Schul-
ter–an–Schulter ...
Die Musik wird gestartet und auf geht's zur nächsten fröhlichen
Klebetanzrunde.

Flätscher–hab–ich–es–schon–erwähnt–Tipp:
Bei diesem Spiel musst du dich absolut auf deinen Partner verlassen können
und er sich auf dich – so wie Theo sich immer auf mich und ich mich auf
ihn. Is ja wohl stinkologisch!

So wird ein Wettkampf daraus:
Der Spielleiter legt eine »Klebestelle« fest. Die Spieler treten paarweise
an den Start und bewegen sich, auf ein bestimmtes Kommando hin,
vorwärts. Welches »Klebepaar« das Ziel als erstes erreicht
hat, hat gewonnen, aber aufgepasst, das Pärchen, bei
dem der Kleber (und sei es auch nur
für einen kurzen Moment) nicht
hält, scheidet aus.

POOP

FLÄTSCHERS LIEBLINGSSPRÜCHE UND NOCH MEHR!

Is ja wohl logissimo! Ich glaub mich kneift ein Eichhörnchen! Stinkologisch! Die Sache stinkt! Verträufelt, verträufelt und noch ein bisschen mehr – ich mag meine Sprüche und nicht nur die ...

Ich brauche keinen Hustensaft, ich kann auch ohne husten!

Wenn ich du wäre, wäre ich gerne ich!

Ein Pfirsich ist wie ein Apfel mit Teppich drauf!

Mein Bett und ich, wir lieben uns, nur der Wecker will es nicht einsehen!

Ich bin kein Besserwisser, ich weiß es wirklich besser!

Ich bin so cool, ich esse meinen Schokoriegel schon um neun!

Hier kann jeder machen, was ich will!

Ich bin anders als vermutet, selten wie erwartet und erst recht nicht, wie andere mich gerne hätten!

Immer schön lächeln und winken!

Ich kann es erklären, aber nicht ohne das Wort »Außerirdische«!

Ratschläge sind auch nur Schläge!

Ich lese keine Anleitungen,
ich drücke Knöpfe, bis es klappt!
Lass mich, ich kann das!
Oh, kaputt!

Eigentlich wollte ich
die Welt erobern ... aber es regnet!

Manch einer ist so überzeugt, dass er gar nicht mehr weiß, wovon!

Apfelstrudel sind selbst
für Nichtschwimmer ungefährlich!

Erst schließen wir die Augen,
dann sehen wir weiter.

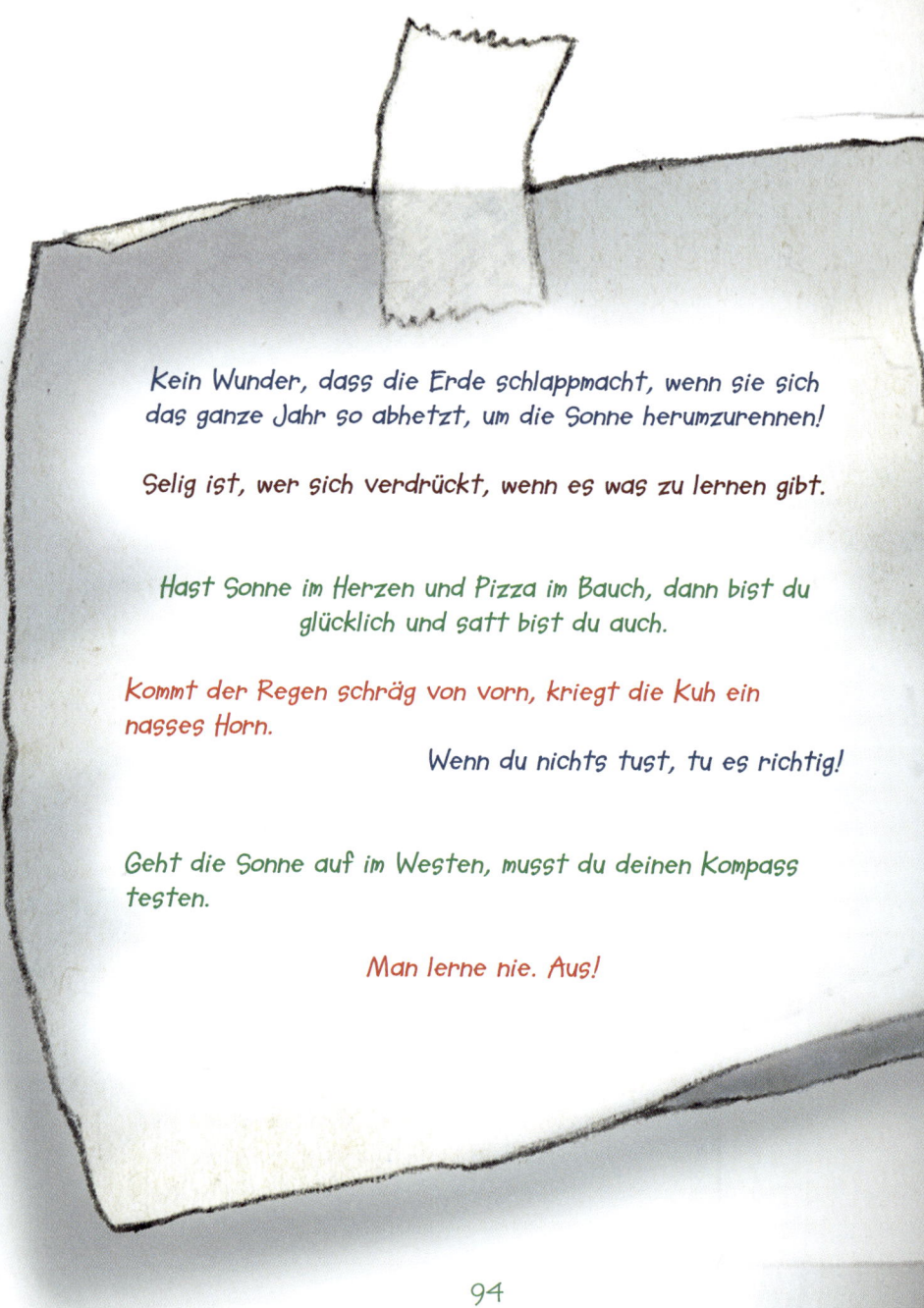

Kein Wunder, dass die Erde schlappmacht, wenn sie sich das ganze Jahr so abhetzt, um die Sonne herumzurennen!

Selig ist, wer sich verdrückt, wenn es was zu lernen gibt.

Hast Sonne im Herzen und Pizza im Bauch, dann bist du glücklich und satt bist du auch.

Kommt der Regen schräg von vorn, kriegt die Kuh ein nasses Horn.

Wenn du nichts tust, tu es richtig!

Geht die Sonne auf im Westen, musst du deinen Kompass testen.

Man lerne nie. Aus!

Wenn über eine dumme Sache,
mal endlich Gras gewachsen ist,
kommt sicher ein Kamel gelaufen,
das alles wieder runterfrisst.

Man muss nicht unbedingt cool sein,
um zu frieren.

Das Leben wär nur halb so nett,
wenn keiner einen Vogel hätt'.

Ausführliche Informationen über
unsere Autoren und Bücher
www.dtv.de

Von Antje Szillat sind bei <u>dtv</u> junior außerdem lieferbar:
Flätscher – Die Sache stinkt! (Band 1)
Flätscher – Krawall im Kanal (Band 2)
Flätscher – Mit Spürnase und Stinkkanone (Band 3)
Flätscher – Schurken voraus! (Band 4)
Mein Flätscher Freundebuch
Drei Pferdefreundinnen – Filmpferd in Not
Drei Pferdefreundinnen – Diebesjagd am Set
Die Tiefen deines Herzens

Antje Szillat ist freie Autorin und hat zahlreiche Bücher für Kinder, Jugendliche und junge Erwachsene veröffentlicht. ›Flätscher – Die Sache stinkt!‹ war auf der SPIEGEL Bestsellerliste, wurde mit dem Leipziger Lesekompass 2017 und dem Paderborner Hasen 2018 ausgezeichnet. Antje Szillat lebt mit ihrer Familie in der Nähe von Hannover. Weitere Informationen unter www.antjeszillat.de

Jan Birk ist freier Illustrator, Autor, Trickfilmkünstler und Cartoonist. Er wurde ausgezeichnet mit dem Troisdorfer Bilderbuchpreis und machte sich nicht zuletzt als Zeichner der ›Wilden Fußballkerle‹ einen Namen. Er lebt mit seiner Familie in München. Weitere Informationen unter www.jan-birck.de